무엇보다 네 마음을 지켜라.
이는 생명의 근원이 마음에서부터 흘러 나오기 때문이다.

잠언 4장 23절

코칭의 시선

초판 1쇄 2025년 7월 28일

발 행 일 | 2025년 7월 28일
펴 낸 이 | 김경민
펴 낸 곳 | (주)가인지캠퍼스

지 은 이 | 이동운
디 자 인 | 김가은
일러스트 | 김가은
책임편집 | 김나연
교정교열 | 박 진, 이소희, 임수아

출판등록 | 2016년 12월 22일 제2022-000252호
주   소 | 서울시 마포구 토정로 16 2층 가인지벙커
전   화 | T. 02) 337-0691
팩   스 | T. 02) 337-0691
홈페이지 | www.gainge.com
이 메 일 | gainge.cs@gainge.com
I S B N | 979-11-91662-20-7 (03320)

* 파본이나 잘못된 책은 구입하신 곳에서 교환해 드립니다.
* 이 책의 저작권은 가인지컨설팅그룹에 있습니다.
  이 책 내용의 전부 또는 일부를 재사용하려면 반드시 서면 동의를 받아야 합니다.
* 이 도서의 국립중앙도서관 출판예정도서목록(CIP)은
  서지정보유통지원시스템 홈페이지 (http://seoji.nl.go.kr)와
  국가자료공동목록시스템(http://www.nl.go.kr/kolisnet)에서 이용하실 수 있습니다.

목적을 찾아가는 독특한 관점

코칭의 시선

이동운 지음

가인지 북스 BOOKS

추천사　6

저자서문　10

Part1.　사람에 대한 시선

1장　개인코칭(Awareness)　19
1　존재 다루기　21
2　욕구　43
3　기대　53
4　감정과 사고　63
5　사회적 역할과 역할 가치　83
6　지식과 역량　95

2장　코칭 포인트(Coaching Point)　109
1　코칭의 목적과 역할　111
2　코칭 대화모델　123
3　욕구와 감정 다루기　131
4　사고방식과 자기 인식의 전환　151
5　역할과 가치의 탐색　163
6　대화의 기술과 적용　171

3장　실행하기(Execution)　181

Part2. 조직에 대한 시선

4장   성과 관리 프로세스 (A.C.E)   201

　　1 성과를 위한 준비   207

　　2 Aim(목표 설정하기)   215

　　3 Connection(연결하기)   243

　　4 Evaluation(평가하기)   263

5장   팀 리더십   281

6장   조직문화   299

　　에필로그   318

추천사

코칭은 기술이 아닙니다. 사람을 바라보는 태도이며, 삶을 대하는 자세입니다. 『코칭의 시선』은 저자와 제가 수년 동안 서로에게 던졌던 질문, 밤늦도록 이어졌던 대화, 그리고 현장에서 부딪치며 겪은 성찰의 시간들이 온전히 녹아 있는 책입니다. 저자는 사람을 쉽게 '성과'나 '문제'로 축소하지 않습니다. 한 사람 안에 숨어 있는 가능성과 빛을 끝까지 찾아내려는 고집이 있습니다. 저는 그 과정을 바로 옆에서 지켜보며, 인간에 대한 저자의 깊은 애정과 치열함이 어떻게 현실의 변화를 이끌어 내는지 수없이 확인해 왔습니다.

이 책은 존재·감정·욕구·가치·사고·역량 등 인간을 구성하는 내면의 요소들을 체계적으로 정리하면서, 그것이 코칭 대화 속에서 어떻게 표면으로 올라오고 변화의 동력으로 전환되는지를 구체적으로 제시합니다. 저자는 '무엇을 말할 것인가'보다 '어떤 시선으로 바라볼 것인가'를 먼저 묻습니다. 시선이 바뀌면 질문이 달라지고, 질문이 달라지면 대화가 달라집니다. 대화가 달라질 때 관계가 새롭게 연결되고, 결국 조직의 성과까지 변화합니다. 저는 컨설팅 현장에서 이 간단하면서도 강력한 원리를 수도 없이 목격했습니다. 그 경험을 바탕으로 말씀드립니다. 이 책은 단순히 코칭 방법을 소개하는 안내서가 아니라, 사람과 조직을 움직이는 근본 원리를 짚어 주는 나침반입니다.

코칭을 업으로 삼고 계신 분이라면 이 책을 통해 자신이 던지는 질문의 뿌리를 다시 들여다보게 될 것입니다. 아직 코칭이 낯선 리더라면, '사람을 일하게 만드는 힘'이 어디에서 시작되는지를 명확히 깨닫게 될 것입니다. 조직을 성장시키고 싶은 경영자, 팀의 잠재력을 끌어올리고 싶은 매니저, 그리고 자신의 가능성을 확장하고 싶은 모든 개인에게 이 책은 분명한 전환점이 될 것입니다.

저자와 저는 오랫동안 서로를 격려하며 성장해 왔습니다. 그래서 더 큰 확신을 가지고 권합니다. 『코칭의 시선』은 당신이 사람을 바라보는 방식, 대화를 이어가는 습관, 그리고 성과를 정의하는 기준을 근본에서부터 흔들어 줄 것입니다. 진짜 변화는 언제나 시선에서 시작됩니다. 이 책을 통해 그 시선을 단단히 세우시기 바랍니다.

가인지컨설팅그룹 대표 김경민

저자서문
"팀장님은 지금 어디로 가고 계십니까?"

    이 질문은 그 당시 나에게 단순한 호기심 이상의 울림을 주었다. 조직 안에서 팀장으로 일하며, 내 인생의 방향에 대해 고민이 많았던 시기였기 때문이다. 리더로서 뿐만 아니라 인생의 방향을 잃고 있었던 나는, 이 질문 하나에 멈춰 설 수밖에 없었다. 그 질문은 나로 하여금 '어떻게'가 아닌 '왜'와 '무엇을 향해'라는 더 본질적인 물음을 던지게 했고, 고민 끝에 나는 코치의 길로 들어서게 되었다.

    나에게 그 질문을 던졌던 코치님은 더 이상 세상에 계시지 않는다. 대신 나 스스로 답을 찾아가도록 질문을 주었고, 나는 그 여정을 지금까지도 이어가고 있다. 그렇게 21년이 흘렀다. 그동안 수많은 리더와 팀장들, 조직 속 고객들과 함께하며 나는 그 질문을 다양한 얼굴과 상황으로 다시 만나왔다.

 코치로서 10년 차가 되던 해, 나는 "코칭의 정석"을 집필했다. 이 책은 '코칭과 코치'의 관계를 중심에 두고 정리한 것이다. 당시의 나는 코치로서 무엇을 고민해야 하는지, 어떤 자세로 고객을 마주해야 하는지를 글로 정리하며 나 자신을 돌아보고 싶었다. 그리고 이제 21년이 지난 지금, 나는 "코칭의 시선"이라는 이름으로 새로운 책을 내놓았다. 이번에는 '코칭과 고객'의 관계에 더욱 깊이 다가가고자 했다. 고객의 내면에서 어떤 변화가 일어나고, 그것이 어떻게 의미 있는 전환점으로 이어지는지를 구체적으로 탐색한 결과가 바로 이 책이다.

 이 책은 존재, 욕구, 감정, 사고, 사회적 역할, 역할 가치, 지식과 역량 등이 사람에게 어떻게 영향을 미치는지 다루고 있다. 이는 지난 20여 년간 실제 코칭 현장에서 반복적으로 마주해온 인간 내면의 구조이며, 코칭 대화가 흘러가는 경로였다. 이 책은 그러한 흐름을 체계화하면서도, 실제 고객과의 만남 속에서 바로 활용할 수 있도록 구성되었다.

 이 책은 코칭을 처음 접하는 사람보다는, 일정 수준 이상의 코칭 경험과 인간에 대한 이해를 갖춘 독자들을 위한 책이다. 특히 조직 안에서 사람을 이끌고 성장을 고민하는 중간관리자, 팀장, 리더들에게 코칭은 더 이상 선택이 아닌 필수 역량이다. 이 책은 그들에게 코칭을 '기술'이 아닌 '관점'으로 접근하게 하는 안내서가 되고자 한다. 아울러 전문 코치들에게도, 스킬 너머의 코치의 시선을 다시 성찰할 수 있는 깊은 대화를 제안하고 싶었다.

코칭은 결국 사람을 향한 일이다. 사람을 기능이나 문제로 보지 않고, 고유한 존재로 이해하고자 하는 태도에서 출발한다. 나는 이 책을 통해 효과적인 질문과 대화 기법, 그리고 사람 너머에 있는 조직을 바라보는 '시선'에 대해 이야기를 하고 싶었다. 진짜 변화는 기술이 아니라 새로운 시선에서 시작되며, 그것이 깊고 넓을수록 고객과의 대화는 본질에 닿을 수 있다.

"코칭의 시선"은 '어디로 가고 있습니까?'라며 나에게 질문을 던졌던 하늘나라에 계실 그 코치님께 보내는 늦은 답장이다. 그리고 오늘도 현장에서 사람들과 마주하고 있을 코치들에게 보내는 조용한 응원이기도 하다. 그리고 사람과 조직 사이에서 길을 잃지 않으려 애쓰고 있는 조직의 리더들에게, 이 책이 하나의 등불이 되기를 바란다.

코칭을 위한 A.C.E: 자각에서 실행까지

자각이란 현실을 있는 그대로 보고, 그 안에서 자신의 위치나 상태를 스스로 인식하는 것이다. 영어로는 'Awareness'라고 하는데, 이 단어에는 단순히 어떤 것을 인지하는 수준을 넘어, 완전히 깨어 있는 상태에서 특정 대상에 주의를 기울이고 깊이 이해하는 태도가 담겨 있다. 단지 '안다'는 것만으로는 충분하지 않다. 자각이란 정보를 인식하는 것을 넘어, 그 의미에 충분한 주의를 기울이며 그 본질을 이해하는 상태를 포함하는 개념이다.

예를 들어 '환경 문제에 대한 자각'이란 단순히 환경 문제가 존재한다는 사실을 아는 수준에서 끝나지 않는다. 그 문제가 얼마나 심각한지 깊이 이해하고, 앞으로 어떤 일이 벌어질지 예측하며 적극적으로 관심을 기울이는 태도까지 포함한다.

코칭도 마찬가지다. 어떤 목표나 외부 자극이 주어졌을 때, 내면에 들어오면 정보를 자각함으로써 변화를 시작할 수 있다. 그리고 이 자각(Awareness)을 바탕으로 중요한 코칭 포인트(Coaching Point)를 포착하고, 실행(Execution)으로 이어가게 된다.

Part 1
사람에 대한 시선 👁

1장 개인코칭 (Awareness)
2장 코칭 포인트 (Coaching Point)
3장 실행하기 (Execution)

1장
개인코칭
Awareness

1. 존재다루기

있는 그대로의 존재를 수용하는 것이 성장의 출발점이다.

관계 속에서 존재가 드러난다

존재란 혼자 있을 때는 드러나지 않는다. 다른 무언가와 연결될 때 비로소 존재는 빛을 발한다.

영화 〈사바하〉에는 이런 대사가 나온다. "이것이 있으니 저것이 있고, 이것이 멸하니 저것도 멸한다." 이 말은 우리에게 중요한 사실을 일깨워 준다. 세상에 홀로 존재하는 것은 없다는 것이다. 모든 것은 서로 얽히고 영향을 주고받으며 존재의 의미를 가진다. 선함은 악함이 있어야 비로소 드러나고, 빛은 어둠이 있을 때 더 분명해진다. 존재는 항상 관계 속에서만 의미를 가진다.

예를 들어 축구공을 떠올려 보자. 경기장에서 선수들이 뛰며 차는 그

공은 분명 '축구공'이다. 그러나 아무도 없는 창고 구석에 버려진 채 방치된 공은 그저 바람 빠진 고무덩어리에 불과하다. 그것이 '축구공'으로 존재하려면 누군가와 관계를 맺고 어떤 쓰임 안에 있어야 한다.

사람도 마찬가지다. 내가 이름도 얼굴도 모르는 누군가는, 나에게는 존재하지 않는 것처럼 느껴진다. 우리는 관계를 맺고 연결되어야만 서로를 인식한다. 결국 존재란 독립된 실체가 아니라 서로를 비추는 관계 속에서 드러난다. 존재는 단순히 '이게 뭐다'라고 붙이는 이름표 같은 게 아니다.

'친구'라는 말도 단지 이름만으로 성립되지 않는다. 함께 시간을 보내고 마음을 나누며 관계가 만들어질 때 비로소 친구라는 존재가 생겨난다. 마찬가지로 '나'라는 사람도 혼자서는 온전히 드러나지 않는다. 나는 가족과 있을 때는 따뜻하고 배려 깊은 사람이지만 회사에서는 책임감 있고 단호한 사람으로 보일 수 있다. 누구와 어떻게 관계를 맺느냐에 따라 내 모습이 달라진다. 결국 존재는 관계 속에서 살아 숨 쉬는 것이며, 관계가 없다면 존재의 의미는 사라진다.

내 안의 관찰자 '셀프(Self)' 발견하기

우리의 생각은 하루 종일 흐른다. "비가 좀 왔으면 좋겠다", "저녁에 치킨 먹을까 말까", "저 사람 너무 시끄럽네", "수업이 빨리 끝났으면 좋겠다"처럼 생각은 끊임없이 떠오른다. 일부러 하려고 하지 않아도,

머릿속 어딘가에서 저절로 생겨난다. 이처럼 특별히 집중하지 않아도 자동으로 흘러나오는 생각을 '디폴트 모드(Default Mode*)'라고 한다.

한번 생각을 멈추려고 애써보면 오히려 더 많은 생각이 떠오른다는 것을 알 수 있다. 바로 이때 디폴트 모드가 작동하고 있기 때문이다. 우리는 흔히 다섯 가지 감각-시각, 청각, 후각, 미각, 촉각-으로 세상을 인식한다고 여기지만, 실제로는 '생각' 또한 정보를 받아들이는 여섯 번째 감각이다. 그리고 그중에서도 자연스럽게 일어나는 생각이 디폴트 모드에 해당한다.

디폴트 모드에서 벗어나기 위해 억지로 생각을 멈추려고 애쓰는 것은 어렵다. 단지 지금 떠오르는 생각을 한 걸음 떨어져서 바라보는 것이 더 중요하다. 예를 들어 마음속에서 '오늘 하루는 너무 힘들었어'라는 말이 들릴 때, 그 말에 휩쓸리기보다 '지금 내 마음이 힘들다고 말하고 있구나'라고 알아차리는 관찰자의 자세가 필요하다. 마치 눈으로 사물을 보듯, 생각도 마음속에 떠오른 하나의 이미지일 뿐이다. 중요한 건, 그것을 바라보는 '무언가'가 존재한다는 사실이다. 그 존재를 여기서는 '셀프(Self)'라고 부르겠다.

예를 들어 '이제 좀 쉬고 싶다'는 생각이 들었을 때, 그 말을 조용히 듣고 있는 또 다른 내가 있다. 누군가와 다툰 뒤 '정말 화가 나!'라고 느낄 때도, 그 감정을 알아차릴 수 있다. 이처럼 한 걸음 떨어져서 바라보고 알아차릴 수 있을 때, 그 모든 것을 지켜보는 '셀프'가 있음을 우리는 알게 된다.

---

* 사티암 베로니카 찰머스 『마음챙김 코칭』

셀프, 진정한 자기 이해의 출발점

"너 자신을 알라"는 말은 고대 그리스 델포이 신전에 새겨진 문구로, 소크라테스가 자주 인용하면서 널리 알려졌다. 이 말의 핵심은 자신의 한계를 인식하고 인간으로서의 무지를 자각하는 데 있다. 다시 말해, 자신을 안다는 것은 단순히 정보의 축적이 아니라, 자신이 무엇을 모르는지도 함께 인식하는 것이다. 진정한 지혜는 자신이 알고 있는 것과 모르는 것을 명확히 구분하는 데서 시작된다. 그렇다면 여기서 말하는 자신, 즉 '셀프(Self)'란 무엇일까?

마이클 싱어는 셀프를 '보고 듣고, 이를 바탕으로 결정하는 자'라고 정의했다. 게슈탈트 이론은 접촉의 순간에 나타났다가 사라지는 가변적인 과정으로 보았다. 불교에서는 '마음거울'이라는 개념을 사용한다. 이것은 감각 기관을 통해 들어온 이미지가 비춰지는 내면의 공간이며, 그 안에서 알아차림이 일어난다고 설명한다. 즉, 외부로부터 들어온 정보가 마음거울에 맺히고, 그것을 인식하는 존재가 바로 셀프인 것이다.

우리의 오감-시각, 청각, 후각, 미각, 촉각-은 전기 신호로 변환되어 뇌에 전달된다. 뇌는 이 신호를 해석하여 의미를 부여하게 된다. 그 감각이 무엇이든 간에 정보가 있다면 뇌는 그것을 인식하고 분별할 수 있다. 이러한 과정을 전기 신호의 해석이며 감각적 자극이 과거의 기억과 만나 감정이나 생각을 일으킨다고 보았다.[*]

이 과정을 영화관에 비유해보면 이해가 쉬워진다. 영사기를 통해 영

---

[*] 데이비드 이글먼 『우리는 각자의 세계가 된다』

상이 스크린에 투사되고, 우리는 그 스크린에 비친 이미지를 본다. 마음거울에 정보가 맺히는 것도 이와 비슷하다. 이미지 정보는 우리 안에 저장된 과거의 기억과 만나 감정이나 생각을 일으킨다. 이 모든 것을 조용히 바라보고 듣고 있는 존재, 조용히 영화관에서 관람하고 있는 자가 바로 셀프다.

셀프는 외부 자극을 그대로 받아들이는 수동적인 존재가 아니다. 그 자극이 내 기억 속 블랙박스와 어떻게 결합되고, 어떤 방식으로 해석되는지를 조용히 지켜보는 주체다. 성경에는 이런 말씀이 있다. '무엇이든지 밖에서 사람에게로 들어가는 것은 능히 사람을 더럽게 하지 못하되, 사람 안에서 나오는 것이 사람을 더럽게 하는 것이니라.'[*] 이 말씀은 자극 그 자체보다 그것이 내 마음속에서 어떻게 해석되고 반응하느냐가 더 중요하다는 뜻일 것이다. 왜곡된 해석은 잘못된 판단을 낳고, 결국 우리가 이루고자 하는 목표를 방해할 수 있다.

그래서 우리는 내면의 상태를 통해 마음거울에 비친 이미지가 기억과 결합하여 어떻게 해석되고 있는지 관찰할 필요가 있다. 그래야 셀프가 내리는 판단이 더 건강한 방향으로 나아갈 수 있다. 셀프는 조용히 모든 것을 바라보고 듣고 결정하는 존재이다. 이 셀프를 자각하는 것이야말로 진정한 자기 이해의 출발점이다.

---

[*] 마가복음 7장 15~16절

SRO모델로 탐색하기

우리는 사회적 관계나 다양한 상황 속에서 여러 역할을 수행하며 살아간다. 그러나 외부로부터 주어진 역할과는 별개로, 그 안에는 쉽게 드러나지 않는 내면의 모습도 함께 존재한다. 예를 들어 가족과 함께 있을 때의 나와, 직장에서의 나는 전혀 다른 사람처럼 보일 수 있다. 어떤 리더는 회사에서는 강하고 카리스마 있지만, 집에서는 앞치마를 두르고 다정하게 음식을 나르는 남편일 수 있다.

이처럼 사람은 환경에 따라 서로 다른 얼굴, 다양한 역할을 하며 살아간다. 우리는 그렇게 각자의 가면을 쓰고 세상과 마주한다. 코칭에서는 고객이 어떤 가면을 쓰고 있는지를 이해하고, 그 가면 뒤에 감춰진 내면의 움직임을 깊이 바라보는 것이 중요하다. 이를 구조적으로 탐색하기 위한 도구가 바로 SRO 모델이다.

출처 - 최정훈, 이동운 〈SRO 모델〉

- 셀프(Self): 외부에서 받아들인 정보를 바탕으로 의도와 의지를 가지고 결정을 내리는 내면의 주체이다. (마이클 A. 싱어)
- 사회적 역할(social Role): 자신이 원하는 결과를 얻기 위해 수행하는 외적인 역할이다. (칼 융의 '페르소나')
- 결과(Outcome): 사회적 역할 수행을 통해 얻고자 하는 변화, 영향, 가치, 이익, 감정이나 욕구의 충족 등 장기적인 목표를 포함한다.

'사회적 역할'을 수행하기 위해 내면에는 다양한 요소들이 작용한다. 이 보이지 않는 작용은 우리가 역할을 수행할 때 어떤 태도와 반응을 보이는지에 깊은 영향을 준다. 이 과정을 이해하는 데 도움이 되는 것이 버지니아 사티어(Virginia Satir)의 '빙산 의사소통 모델'이다. 겉으로 드러난 행동 아래에는 보이지 않는 감정, 지각, 기대, 열망 등이 층층이 쌓여 있으며, 이것이 사회적 역할을 떠받치는 정서적 기반이 된다. 또한 역할 중심의 관점에서는 로버트 딜츠(Robert Dilts)의 '신경 논리 수준(Neurological Levels)' 이론이 유용하다. 이 이론은 개인이 특정 역할을 수행하는 과정이 어떻게 환경, 행동, 능력, 가치와 신념, 정체성과 연결되어 있는지 구조적으로 설명해 준다.

Social Role의 내면 작용: 사티어 Satir의 빙산모델

빙산 의사소통 모델은 가족치료의 선구자인 버지니아 사티어(Virginia Satir)가 제안한 이론으로, 인간의 행동과 의사소통을 빙산에 비유한다. 눈에 보이는 말과 행동은 빙산의 일각일 뿐이며, 그 아래에는 감정, 신념, 기대와 같은 깊은 내면의 요소들이 자리하고 있다.

이 모델은 겉으로 드러나는 반응만으로는 사람을 온전히 이해할 수 없으며, 그 이면에서 작동하는 내면의 흐름까지 함께 들여다보아야 진정한 이해에 도달할 수 있다고 본다. 단순한 행동 분석을 넘어서 사람의 내면에 대한 공감과 통찰을 가능하게 해주는 소통의 틀이라 할 수 있다.

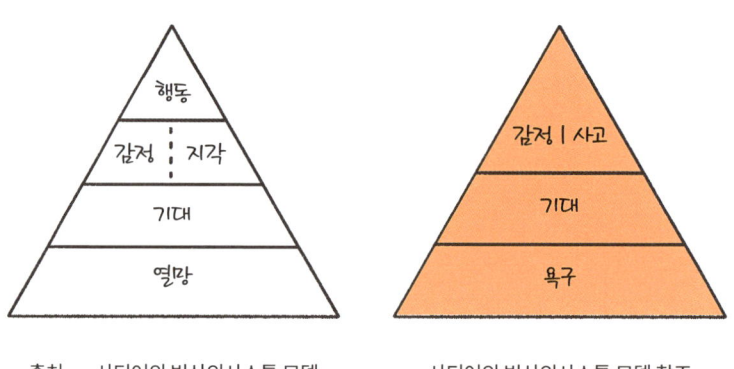

출처 - 사티어의 빙산의사소통 모델   - 사티어의 빙산의사소통 모델 참조

실제로 사람의 행동은 복잡한 내면의 작용에서 비롯되며, 이 모델은 우리가 상대를 이해할 때 '무엇을 했는가'보다 '왜 그렇게 했는가'를 함

께 보는 것이 중요하다고 한다. 특히 이 모델에서는 '기대'를 통해 충족하고자 하는 더 깊은 동기를 '열망'이라 설명한다. 즉, 기대는 열망을 실현하기 위한 심리적 수단으로 작용하는 것이다. 사티어가 말하는 열망은 현실치료와 선택이론의 창시자 윌리엄 글라써(William Glasser)가 제시한 '욕구' 개념과도 맞닿아 있다. 따라서 사티어의 '열망'은 글라써가 제시한 다섯 가지 기본 욕구(생존, 사랑과 소속, 힘, 자유, 즐거움)로 해석해 볼 수 있다.

Social Role의 외부 목표: 로버트 딜츠 Robert Dilts의 Neurological Levels

로버트 딜츠(Robert Dilts)의 신경논리적 수준(Neurological Levels)은 개인이나 조직의 변화와 성장을 이해하는 데 유용한 개념이다. 딜츠는 사람들이 서로 다른 수준에서 변화를 경험하며, 그 변화가 실제 삶에 어떻게 영향을 미치는지 설명하기 위해 이 모델을 제시했다.

이 모델은 환경, 행동, 능력, 신념과 가치, 정체성이라는 다섯 가지 수준으로 구성되어 있으며, 각각은 서로 긴밀히 연결되어 있다. 한 수준의 변화는 다른 수준으로 자연스럽게 영향을 미치며 변화의 깊이에 따라 삶에 미치는 파급력도 달라진다.

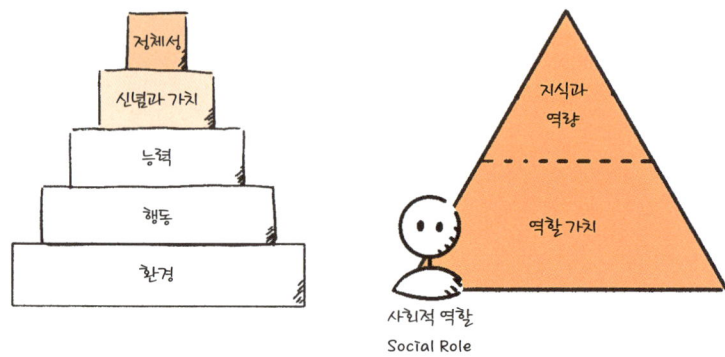

출처 - 로버트 딜츠의 Neurological Level　- 로버트 딜츠의 Neurological Level 참조

　상위 수준에 해당하는 신념과 정체성의 변화는 환경이나 행동, 능력과 같은 하위 수준보다 훨씬 더 근본적인 변화를 이끌어낸다. 따라서 이 모델을 활용하면 자신이 목표를 이루기 위해 지금 어떤 수준에서 변화가 필요한지 명확하게 파악할 수 있다. 여기서 딜츠가 말한 '정체성(identity)'은 '사회적 역할(Social Role)'로 해석하였다.
　우리는 다양한 관계 속에서 사회적 역할을 수행하며 살아간다. 이러한 역할을 수행하는 이유는 단순히 책임 때문이 아니라, 그 안에 원하는 바가 있기 때문이다. 예를 들어, 가정에서 아내나 남편이라는 역할을 통해 서로의 기대를 충족시키고 있으며, 자녀가 있다면 엄마나 아빠로서 보호자 역할을 하며 만족감을 얻는다. 또한 가장으로서 가족을 책임지는 역할도 맡는다. 이처럼 우리가 역할을 수행하는 이유는 관계 안에서 충족하고자 하는 어떤 '원함', 즉 결과(outcome)가 있기 때문이다. 만약 결과에 대한 원함이 없다면, 그 역할을 계속 유지하거나 선택할 이유도 사라진다. 결국 우리는 저마다 이루고 싶은 것을 위해 사회적 역할을 선택하고 그에 맞게 행동을 하게 된다.

우리가 보는 현실은 그림자에 불과하다

플라톤은 그의 저서 "국가(The Republic)"에서 인간이 세상을 어떻게 인식하고 진리를 이해하는지 설명하기 위해 '동굴의 알레고리(The Allegory of the Cave)'를 제시했다. 알레고리는 추상적인 개념을 구체적인 이야기와 인물로 상징적으로 표현하는 방식이며 동굴 이야기는 그 대표적인 사례이다.

깊고 어두운 동굴 속에서 죄수들은 태어날 때부터 발과 목이 사슬에 묶여 있다. 고개를 돌릴 수도, 몸을 움직일 수도 없는 이들은 오직 동굴 벽만 바라볼 수 있다. 벽에는 그들 뒤편에서 타오르는 불빛을 통해 조각상과 물체들이 만들어내는 그림자들이 어른거린다. 그러나 이들은 그림자만을 보고 살았기에 그것이 세상의 전부라고 믿었다. 그러던 어느 날, 한 사람이 우연히 사슬에서 풀려나 동굴 밖으로 나왔다. 처음에는 눈부신 햇빛 때문에 아무것도 볼 수 없지만, 시간이 지나면서 점차 눈이 적응되면서 그는 진짜 나무, 강, 하늘, 그리고 태양을 바라보게 된다. 이 경험을 통해 그는 자신이 평생 본 그림자들이 가짜 현실에 불과했다는 사실을 깨닫는다. 그는 동굴로 돌아가 남은 이들에게 진실을 전하려 했지만, 사람들은 어둠에 익숙해진 나머지 그의 말을 믿지 않았고 오히려 그를 조롱했다. 동굴 속에 살고 있는 그들에게는 그림자의 세계가 여전히 유일한 현실이기 때문이다.

플라톤은 이 비유를 통해 우리가 감각을 통해 인식하는 일상적 세계가 곧 '동굴의 그림자'에 불과하다고 말한다. 우리가 보고 듣고 해석하는 모든 것은 마음 안에서 일어나는 작용일 뿐이다. 진정한 진리는 눈앞의 현상 너머에 존재한다. 그것을 깨닫기 위해서는 마음의 사슬을 풀고 익숙한 세계를 넘어서는 자각과 용기가 필요하다.

SRO모델의 구성

육감은 오감에 디폴트 모드인 '생각'을 더한 여섯 가지 감각으로, 이를 통해 마음속 거울에 하나의 이미지가 형성된다. 이 이미지는 내면에 존재하는 블랙박스—욕구, 기대, 감정, 사고, 사회적 역할, 역할 가치, 지식과 역량—와 결합하며 새로운 생각 이미지를 만들어낸다. 그렇게 생성된 이미지는 생각의 우선순위에 영향을 주게 된다. 그리고, 그 영향에 따라 의지를 담은 행동을 선택한다. 결국 우리는 이러한 일련의 과정을 통해 목표를 달성하고 원하는 결과를 얻게 된다.

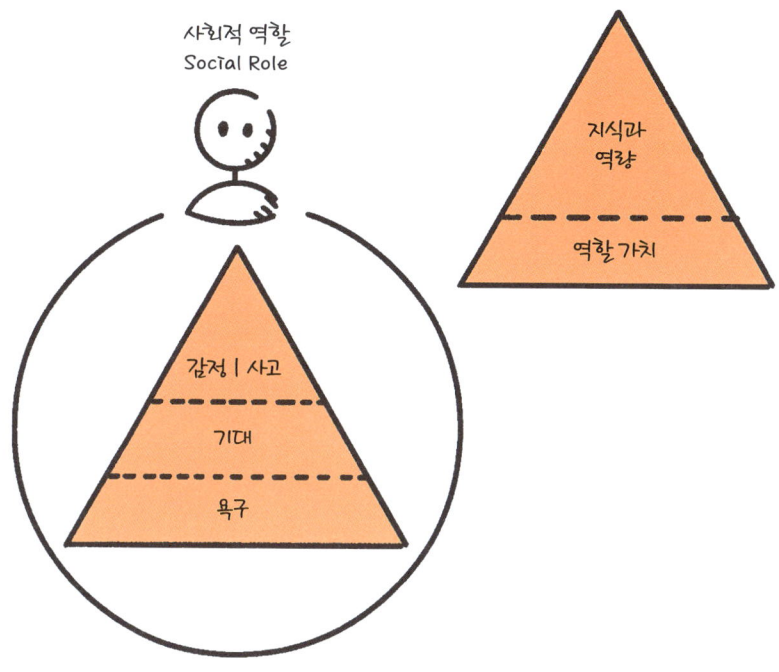

< 블랙박스에 담긴 7가지 요소 >

　우리 마음속에는 육감을 통해 들어온 정보가 이미지로 맺히는 공간이 있는데, 이를 '마음거울'이라 부른다. 이 마음거울은 실제 거울처럼 외부 세계로부터 들어오는 정보와 내면의 생각을 동시에 비추어 이미지를 형성한다. 시각, 청각, 후각, 미각, 촉각, 그리고 생각이라는 육감을 통해 들어온 정보들은 모두 이 거울에 비춰져 이미지로 나타난다. 이는 마치 눈으로 본 사물이 각막과 수정체를 통과해 망막 위에 맺히는 원리와 같다. 마음거울은 그저 비추는 역할을 할 뿐이다. 예를 들어, 가

만히 있는데도 미운 사람이 떠오르는 경우, 그것은 외부 자극 때문이 아니라 내면의 생각이 마음거울에 비춰진 것이다. 그러나 마음거울에 떠오른 이미지는 단순히 나타났다 사라지는 데서 그치지 않는다. 과거의 경험이나 감정, 사고와 같은 블랙박스와 결합하면서 더 복잡한 정서와 사고로 확장된다. 이때 이러한 흐름을 인식하고 바라보는 존재가 바로 '셀프'다.

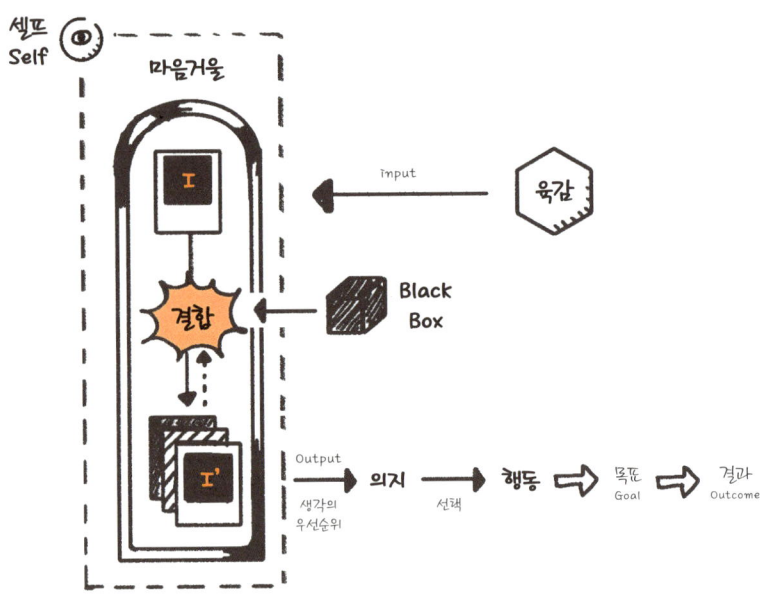

〈 블랙박스와 결합하여 새로운 이미지를 만들어 내는 마음의 구조 〉

정리하면, 육감을 통해 들어온 정보는 마음거울에 하나의 이미지(I)로 맺히게 된다. 이 이미지가 블랙박스(Black Box)와 결합하며 새로운 이미지(I')를 만들어낸다. 그렇게 새롭게 만들어진 이미지(I')는 다시 블랙박스와 만나며 또 다른 이미지(I')로 확장된다. 이런 반복적인 결합을 통해 '생각의 우선순위'가 변하고, 의지를 가지고 행동을 하게 된다. 이 과정을 반복하면서 우리는 점차 원하는 목표에 가까워진다. 이때 '셀프'는 처음 이미지(I)에서 부터 블랙박스와의 결합하여 새로운 이미지(I')를 만들어지는 전 과정을 지켜본다.

예를 들어, 오랜만에 여행을 떠나기로 했는데 날씨가 갑자기 흐려졌다. 처음 마음거울에 비춰지는 이미지는 '흐려진 하늘과 계획된 여행 일정'(I) 이다. 이 이미지가 블랙박스의 요소들과 결합하면서 다양한 해석(I')이 발생한다. 즐거움의 욕구가 강한 사람이라면 '여행 내내 날씨가 좋았으면 좋겠는데' 라는 기대를 할 수 있고, 블랙박스 속에 과거의 비슷한 경험이 있었다면 '날씨가 흐려지면 계획했던 여행이 망치는데' 라는 사고가 작동해 불안함이 올라올 수도 있다. 이런 해석은 걱정이나 불안 같은 감정으로 이어지며 새로운 행동을 일으키기도 한다. 여행 일정을 바꾸거나 실내 활동을 준비하는 대안을 선택할 수 있고, 날씨를 그대로 받아들이며 여행을 강행할 수도 있다. 우리는 이처럼 정보와 내면의 블랙박스와 결합하여 해석하고, 그것을 바탕으로 의지를 가진 행동을 선택한다.

다른 예로, 바쁜 일상을 보내는 한 CEO는 금요일 밤이면 꼭 밤낚시를 간다. 금요일 저녁(I)이라는 정보가 들어오면 블랙박스에 있는 '자유'와 '즐거움'이라는 욕구와 낚시에 대한 긍정적 과거 경험이 함께 결합하여 새로운 이미지(I')를 만든다. 이 이미지는 그에게 밤낚시라는 행동을 선택하게 한다. 결과적으로 그는 자유와 즐거움의 욕구를 충족시키는 결과(Outcome)를 얻는다.

사랑의 욕구가 높은 한 여성 직원은 회사에서 마음을 나눌 사람이 없다고 느낀다. 그래서 그녀는 점심시간엔 늘 혼자 밥을 먹지만, 저녁에는 친한 친구들과 자주 만난다. 일주일에 3~4번 친구를 만나는 선택도 결국 블랙박스 안에 있는 사랑의 욕구를 채우기 위한 것이다. 동료와의 점심보다 친구들과의 저녁 시간이 그녀에게는 더 큰 정서적 만족감이라는 결과(Outcome)를 안겨준다.

이렇듯 블랙박스 안의 7가지 요소는 육감을 통해 들어오는 정보와 끊임없이 결합하며 수많은 새로운 이미지를 만들어낸다. 셀프는 이렇게 생성된 이미지를 관찰한 뒤 어떤 선택을 할지 결정을 내린다. 만약 특정 욕구를 오랫동안 억누르거나 무시해 왔다면, 그 욕구는 마음속에서 점점 압력을 키우다가 결국 폭발적으로 작용할 수 있다. 욕구는 억제한다고 사라지지 않으며, 오히려 무시할수록 심리적 긴장과 왜곡이 커진다.

코칭은 고객의 마음거울에 맺힌 이미지(I)가 블랙박스 요소들과 '결합'해 어떤 이미지(I')로 확장되었는지 탐색한다. 그리고 그 이미지로부터 어떤 의지가 생겨났는지를 함께 살핀다. 이러한 탐색은 고객이 자기 자신을 더 깊이 이해하고, 보다 건강한 선택과 행동으로 나아가게 만드는 핵심 과정이 된다. 이것이 바로 존재를 중심에 둔 코칭의 본질이다.

마음의 틀을 벗어나는 법

성철 스님 하면 떠오른 것은 "산은 산이고, 물은 물이다"라는 말이다. 이 문장은 사실 깨달음의 세 단계를 상징적으로 담고 있다.

첫 번째 단계에서 산은 그냥 산이고, 물은 그냥 물이다. 눈앞의 풍경을 아무 해석 없이 있는 그대로 바라보는 순수한 상태다. 마치 아이처럼 사물을 있는 그대로를 보는 마음이다.

두 번째 단계에 이르면, 산은 더 이상 산이 아니고 물도 단순한 물이 아니다. 이때 우리는 사물을 있는 그대로 보기보다, 각자의 생각과 방식대로 보기 시작한다. 예를 들어, 부동산 투자자는 산을 투자처로 바라보고, 낚시꾼은 물속 고기를 먼저 떠올린다. 이처럼 각자의 경험과 기대를 바탕으로 의미를 덧붙이고, 그렇게 해석된 세상을 살아간다.

마지막 세 번째 단계는 산은 다시 산이고, 물은 다시 물이 된다. 해석을 내려놓고 판단을 비워낸 채 존재를 있는 그대로 받아들이는 경지다. 이 단계에 도달하기 위해서는 셀프(Self)와 블랙박스(Black Box)의 결합을 자각해야 한다.

셀프는 마음속에 떠오른 이미지와 해석을 바라보는 내면의 관찰자다. 셀프를 자각하지 못하면 우리가 보는 것은 생각이 만들어낸 해석일 뿐이다. 블랙박스는 우리가 살아오며 쌓아온 고정관념, 습관적인 해석, 익숙한 판단의 틀이다. 이 틀은 때로는 삶을 이해하는 데 도움이 되지만 동시에 우리를 세상과 단절시키고 고통의 감옥에 가두기도 한다.

"네 가지 질문"의 저자인 바이런 케이티(Byron Katie)는 오랜 시간

동안 우울증, 분노, 자기혐오에 시달렸다. 그녀는 거의 침대 밖으로 나오지도 못할 정도로 삶이 무너져 있었다. 그러던 어느 날, 재활센터의 차가운 바닥에 누워 있던 그녀는 문득 '세상이나 다른 사람이 나를 괴롭게 하는 것이 아니라, 내 생각이 나를 괴롭게 한다'는 사실을 크게 깨닫게 된다. 그 순간 그녀는 완전히 새로운 사람이 되었고 자신을 고통스럽게 하던 생각에서 완전히 자유로워졌다. 그녀가 깨달은 것은 자신의 생각이 고통의 근원이며, 그것을 자각함으로써 괴로움에서 벗어날 수 있다는 것이었다.

만약 지금 어떤 생각으로 인해 고통을 받고 있다면 셀프의 존재를 자각하고 블랙박스 안을 들여다보아야 한다. 그 안에 갇힌 낡은 해석과 불필요한 두려움이 어떻게 작용하는지를 알아차릴 때, 우리도 진짜 산과 물을 다시 바라볼 수 있을 것이다.

변화를 만드는 내면의 목소리

　나는 경상도 남자다. 서울에서 오래 살았지만 사투리는 쉽게 고쳐지지 않았다. 그래서 '사투리 교정 클리닉'이라는 프로그램을 수강했다. 점심과 저녁 식사가 포함된 하루 과정으로, 거의 10시간 가까이 진행됐다. 저녁 식사 후에는 마지막 테스트가 있었는데, 카메라 앞에서 그날 배운 내용을 활용해 대본을 읽는 시험이었다. 강사가 'OK'라고 하면 바로 집에 갈 수 있었지만, 그렇지 않으면 다시 시험을 봐야 했다. 나는 그날 가장 마지막까지 시험을 본 사람이었다. 아마 강사의 인내심이 거의 바닥난 시점에서 드디어 'OK' 사인을 받았다. 기쁨과 아쉬움이 동시에 밀려오는 마음으로 건물 밖을 나섰다.

　집으로 돌아오는 길, 온종일의 경험을 되짚으며 이런 생각이 문득 떠올랐다. '내 말투를 고치는 것보다, 그 말에 자신감을 가지는 게 더 중요해!' 불쑥 올라온 이 내면의 속삭임은 오히려 사투리에 대해 자신감을 심어주었다. 그날 이후 나는 식당에서도, 사람들 앞에서도 사투리 그대로 자신 있게 말할 수 있게 되었다. 고쳐야 한다는 생각이 바뀐 것이다.

만약 누군가가 나에게 "네 말투에 자신감을 가져봐!"라고 말했다면 정말 그렇게 변화할 수 있었을까? 진짜 변화는 하루 종일 나 스스로 몰입한 시간 끝에 조용히 올라온 내면의 속삭임에서 비롯되었다. 그리고 그 속삭임은 '셀프'에게 영향을 주었고 자신감을 심어 주었다.

　가장 무책임한 조언은 "자신감을 가져봐", "용기를 내봐"라는 말이라고 한다. 그것은 몰라서 못하는 것이 아니라, 알아도 안되는 것이기 때문이다. 자각이란, 고객의 내면에서 들리는 그 소리를 셀프가 다시 듣는 과정이다. 코치는 고객 마음속에서 울리는 그 목소리를 함께 듣고, 그 여정을 동행한다. 수많은 외부의 조언보다 더 중요한 것은 고객의 내면에서 들려오는 '자기만의 진짜 목소리'를 코치와 함께 나누는 것이다. 그 소리가 마음거울에 비춰지는 순간, 고객은 새로운 생각이 떠오른다. 코칭에서 중요한 의지(Will)가 바로 여기서 생긴다.

2. 욕구

내면의 진정한 욕구를 명확히 알아차리고 다룰 때 비로소 동기와 변화가 시작된다.

욕구에 대한 이해

욕구란 무엇일까? 사전적으로는 '무엇을 얻거나 무슨 일을 하고자 바라는 것'을 의미한다. 즉, 자신에게 부족하다고 느끼는 물질적 혹은 정신적인 무언가를 채우고자 하는 마음의 상태이다. 욕구는 선천적으로 타고나기도 하고 후천적인 사회생활 속에서 형성되기도 한다.

욕구를 좀 더 명확히 이해하려면 욕망과 비교해보는 것이 도움이 된다. 욕망은 '부족함을 느껴 무엇을 가지거나 누리고자 하는 탐욕스러운 마음'을 뜻한다. 인간의 마음은 본능적으로 욕구를 충족하는 방향으로 움직인다. 욕구는 모든 사람이 공통적으로 지닌 기본적인 동기다. 욕구는 채워지면 만족으로 이어지지만, 욕망은 충족되어도 금세 새로운 대상을 향해 방향을 튼다. 예를 들어, 배가 고파 밥을 먹는 것은 욕구이지만, 남들보다 더 비싸고 고급스러운 음식을 먹고 싶어 하는 마음은 욕망에 가깝다.

욕구를 향한 행동은 언제나 목적이 있다. 우리는 원하는 것과 실제로 얻고 있다고 느끼는 것 사이의 간극을 줄이기 위해 움직인다. 만약 자신이 원하는 것과 현실 사이의 차이가 클수록 행동의 강도는 더 강해지고, 욕구를 채우기 위한 시도는 더 적극적으로 나타난다. 특히 어떤 환경이나 상황이 욕구 충족을 방해할 때 사람은 더 예민하고 강하게 반응한다. 예를 들어, 직장에서 인정받고 싶은 욕구가 충족되지 않으면 더 열심히 일하거나 상사의 관심을 끌기 위한 행동이 나타나기도 한다.

욕구는 본질적으로 긍정적인 것이지만, 욕망은 과도해지면 부정적인 결과를 초래할 수 있다. 충분히 쉬고 싶은 욕구는 건강을 위해 꼭 필요하지만, 아무 일도 하지 않고 계속 편안함만 추구하게 되면 삶의 균형이 무너질 수 있다. 욕망이 지나치면 탐욕이나 집착으로 변하고, 때로는 타인에게 피해를 주는 방식으로 드러나기도 한다. 그렇기에 욕구와 욕망을 구분하고 욕구를 우선적으로 충족시키는 것이 중요하다.

우리는 흔히 욕구를 '조절해야 한다'고 말하지만, 억지로 누르기만 하면 오히려 더 큰 문제가 생긴다. 욕구를 억누른다는 것은 끓고 있는 가마솥에 뚜껑을 억지로 덮는 것과 같다. 처음에는 잠잠한 듯 보일 수 있지만, 시간이 지날수록 내부의 압력은 높아지고 결국 폭발하게 된다. 그래서 중간중간 욕구를 건강하게 충족시키며 가마솥의 김을 빼주는 과정이 필요하다. 욕구는 억제의 대상이 아니라, 먼저 충족한 뒤 조절해야 한다. 그래야 내면의 에너지가 건강하게 흐르고 감정 폭발이나 극단적인 행동을 미리 방지할 수 있다.

▍내 안의 '좋은 세계' 이해하기

윌리엄 글라써가 말한 '좋은 세계(Quality World)'는 현실치료와 선택이론의 핵심 개념 중 하나이다. 이 개념은 우리가 마음속에 품고 있는 이상적인 이미지, 사람, 가치, 활동, 목표 등을 의미한다. 쉽게 말해, 각자가 '자신이 원하는 삶'을 만들기 위해 머릿속에 저장해 둔 장면들이다.

'좋은 세계'는 사람마다 다르다. 같은 환경에 있어도 어떤 사람은 가족과 보내는 시간을 가장 소중하게 여기고, 또 어떤 사람은 사회적 성취나 성공을 더 중요하게 생각한다. 이는 타고난 성향뿐 아니라 자라온 환경과 경험이 함께 만들어낸 결과다. 예를 들어, 어릴 때 부모에게 따뜻한 사랑을 많이 받은 사람이라면, 그 사람의 좋은 세계에는 '가족'이 중요한 위치를 차지할 가능성이 크다.

글라써는 '좋은 세계'를 실현하려 할 때 가장 강한 동기부여가 생긴다고 보았다. 우리가 어떤 행동을 하든, 결국 그것은 좋은 세계 속 장면을 현실로 만들기 위한 시도라는 것이다. 예를 들어, 한 대학생이 열심히 자격증을 준비하는 이유는 그의 좋은 세계 안에 '사람들에게 인정받는 모습'이 있기 때문이다.

코칭이나 상담에서 고객의 '좋은 세계'를 이해하는 일은 매우 중요하다. 이는 사람들이 왜 특정한 행동을 선택하는지, 무엇에 강하게 동기부여를 느끼는지 이해하는 열쇠가 되기 때문이다. 자신의 행동이 어떤 욕구를 충족하기 위한 것인지 알게 되면, 더 나은 선택이 가능해지고 목표도 더욱 분명하게 설정할 수 있다. 예를 들어, 단순히 '운동을 해야지'라는 생각보다 '건강한 부모가 되어 아이와 함께 시간을 보내고 싶다'는 좋은 세계의 모습이 훨씬 더 강력한 동기를 만들어낸다.

사람들 사이에 갈등이 생기는 이유도 결국 각자의 '좋은 세계'와 현실이 충돌하기 때문이다. 예를 들어, 가족과의 시간을 중요하게 여기는 직장인이 야근이 잦은 회사에 다닌다면, 그 안에서 갈등과 스트레스는 자연스럽게 발생할 수밖에 없다. 이럴 때는 자신의 좋은 세계 안에 있는 요소들을 다시 조정하거나, 현실에서 그것들을 실현할 수 있는 새로운 방법을 찾아야 한다. 결국 '좋은 세계'는 인간의 모든 행동과 선택의 원동력이 된다. 코칭은 고객의 좋은 세계를 탐색하고, 그 안의 이미지를 현실에서 어떻게 실현해 나갈지 함께 고민해야 한다.

▎ 행동 뒤에 숨은 진짜 마음, 욕구의 발견

욕구를 안다는 것은 곧 자신을 이해하는 일이다. 우리가 무엇을 원하고 어떤 감정을 느끼는지를 인식하면, 자연스럽게 자신에 대해 더 깊이 알 수 있다. 하지만 타인의 시선이 중요한 환경에서는 자신의 욕구를 솔직하게 드러내기 어려운 경우가 많다. 특히 규율이 엄격하거나 기대하는 사람이 많은 곳에서는 개인적인 욕구를 감추거나 억누르게 된다.

욕구를 안다는 것은 단순히 '무엇을 바란다'는 차원을 넘어, 진짜 나를 발견해가는 과정이다. 인생에서 방향을 잃고 헤매는 순간에도 자신의 욕구를 정확히 인식하면 어디로 가야 할지 길이 조금씩 보이기 시작한다. 예를 들어 직장에서 일이 힘들다고 느껴질 때, 단순히 '그만두고 싶다'는 마음에 머무르기보다 왜 그런 감정이 드는지를 들여다봐야 한다. 새로운 도전을 원하는 것인지 억압에서 벗어나 자유롭고 싶은데 그것이 채워지지 않아서인지, 아니면 직장에 대한 높은 기대 때문인지 파악하면 실질적인 해결책도 자연스럽게 떠오르게 된다.

아이들의 행동 역시 그들이 가진 욕구와 깊게 연결되어 있다. 예를 들어 엄마가 아픈 날, 아이가 유난히 심술을 부린다면 단순히 '엄마가 아프니까 기분이 안 좋다'는 해석보다, '엄마가 아프기 때문에 평소처럼 돌봄을 받지 못했고, 그 욕구가 채워지지 않아 심술부린 것'으로 이해할 수 있다. 학원을 가기 싫어하는 아이도 게으르거나 싫증이 난 게 아니라, 친구들과 놀고 싶은 욕구가 충족되지 못한 상황일 수 있다.

사람의 행동 이면에는 언제나 보이지 않는 욕구가 숨어 있다. 그 욕구를 이해하면 자신의 감정뿐 아니라 타인의 감정과 행동도 더 깊이 공감할 수 있게 된다. 욕구는 억누르기보다 있는 그대로 인정하고 표현할 수 있어야 한다. 자신의 욕구를 알고 그것을 인정하는 일은 자기 이해를 넘어, 더 나은 선택을 가능하게 하고 사람들과 건강한 관계를 맺는 데에도 중요한 역할을 한다.

다섯 가지 욕구와 욕구 충족 방법

"만약 100억이 생긴다면 무엇을 하고 싶은가요?" 이 질문을 받으면 누구나 한 번쯤 상상해본다. 어떤 사람은 지금 당장 여행을 떠나고 싶다고 말하고, 또 어떤 사람은 집이나 건물을 사고 싶다고 한다. 누군가는 투자를 하겠다고 말하고, 누군가는 그냥 조용히 쉬고 싶다고 답한다. 이렇게 '돈'이라는 대상 속에는 사실 보이지 않는 다양한 욕구가 숨어 있다. 이 욕구들을 윌리엄 글라써의 다섯 가지 기본 욕구의 관점에서 바라보면 다음과 같이 정리할 수 있다.

- 생존: 은행에 저축하고 연금을 받으며 안정적으로 살고 싶다. 회사를 계속 다니고 싶다.
- 사랑: 부모님 집을 사드리고, 함께 여행을 가고 싶다.
- 힘: 멋진 건물을 사고, 비싼 스포츠카를 갖고 싶다.
- 자유: 회사를 그만두고, 무인도에서 혼자 살고 싶다.
- 즐거움: 여행 가서 실컷 놀고, 짜릿한 모험을 즐기고 싶다.

생존의 욕구는 '불안하지 않음'을 바라는 마음이다. 걱정 없이 안전하게 살아가는 것이 가장 중요하다. 사랑의 욕구는 소중한 사람을 돌보고 함께 시간을 보내고 싶어 한다. 힘의 욕구는 목표를 성취하고 사람들로부터 인정받고 싶은 것이며, 자유의 욕구는 간섭 없이 나만의 방식대로 살아가고 싶은 바람이다. 즐거움의 욕구는 삶이 지루하지 않고 유쾌하길 바라는 마음이다. 이 다섯 가지는 윌리엄 글라써의 기본 욕구 이론에 근거한 것으로, 여기서는 '사랑과 소속' 중에서도 '사랑'에 초점을 맞추어 정리하였다.

욕구	욕구가 채워질 때 감정 (행복)	욕구가 채워지지 않을 때 (스트레스)	욕구를 채우는 행동 방식
생존	안전, 편안함	불안, 두려움, 수치심, 긴장, 조심스러움, 겁나는, 막연함	건강, 규칙, 저축, 안전, 조화, 성실
사랑	행복, 따스함, 감동, 친밀함, 감사	외로움, 서운함, 배신감, 슬픔, 수치심, 서러움, 질투	감사, 나눔, 친밀함, 공감, 돌봄
힘	뿌듯함, 자랑스러움, 만족스러운	분노, 좌절, 허탈, 조바심, 실망	성취, 능력 발휘, 승리, 자기 주장, 지시, 지적
자유	자유로움, 평화로움	답답함, 귀찮음, 분노, 괴로운	혼자, 평화, 창조성, 선택, 자율, 개성, 구속이 싫음
즐거움	기쁨, 즐거움, 재미, 활기, 흥분되는	따분함, 지겨움, 심심함	놀이, 독특함, 새로움, 취미, 긍정적, 호기심, 배움

- 출처: 김현섭, 김성경 『욕구코칭』 2018. 5. 수업디자인연구소

욕구 충족은 '행동 방식'으로 드러나는데, 이 행동은 삶의 경험 속에서 스스로 형성한 '좋은 세계(Quality world)'를 반영한 것이다. 예컨대 생존의 욕구를 채우기 위해 어떤 이는 '저축'을 선택한다. 이는 미래 불안감에서 벗어나고자 하는 행동 방식이다. 힘의 욕구는 '인정받는 경험'을 중요하게 생각 한다. 하지만 그 인정 욕구를 채우는 방식은 사람

마다 다르다. 다음의 두 사람을 보자.

- A씨: 선생님께 반항하기, 친구와 싸워서 이기기, 시험을 거부했던 경험
- B씨: 선생님 말씀을 잘 듣기, 친구를 도와주기, 시험 성적을 잘 받았던 경험

두 사람 모두 '인정받고 싶다'는 힘의 욕구는 같지만, 이를 채우기 위해 만들어진 '좋은 세계'는 전혀 다르다. 욕구 충족 방식이 다르면 행동도 달라진다. 욕구를 채우려는 마음은 누구에게나 있는 본능이지만, 그것을 충족하는 행동 방식은 각자 선택할 수 있다. 예를 들어, 즐거움의 욕구를 채우기 위해 컴퓨터 게임을 하던 사람이 책 읽기나 등산 같은 활동으로 바꾸는 것도 가능하다. 중요한 건 자신의 욕구를 먼저 인식한 뒤 자신만의 '좋은 세계'를 새롭게 구성해가는 일이다. 그러기 위해서는 다양한 활동을 시도해보고, 그것이 자신의 욕구를 충족시키는 데 어떤 영향을 주는지 탐색하는 과정이 필요하다. 변화는 바로 이 탐색에서부터 시작된다.

3. 기대

자신과 타인에 대한 기대를 이해하고 조율하면 관계의 질과 삶의 만족도가 높아진다.

괴로움의 원인

붓다는 인간이 겪는 모든 괴로움의 뿌리가 바로 '갈구 渴求(또는, 갈애 渴愛)'*에 있다고 말했다. 갈구란 간절히 원하고 바라는 마음이다. 우리는 어떤 것을 원했는데 이루어지지 않으면 괴로움을 느끼고, 설령 이루어졌다 해도 그것이 계속되지 않을까 불안해진다. 결국 또 다른 욕망이 생기고, 이 끝없는 갈구가 괴로움의 근원이 되는 것이다. 이러한 갈구는 크게 세 가지 형태로 나타난다.

첫째는 '쾌락의 갈구'다. 이는 감각적인 즐거움을 얻고자 하는 욕망이다. 맛있는 음식을 먹고 싶고, 좋은 음악을 듣고 싶고, 아름다운 장소

---
* 강성용 『인생의 괴로움과 깨달음』

를 여행하고 싶은 마음이 여기에 해당된다. 그러나 이런 감각적 즐거움은 오래가지 않는다. 처음 여행을 갔을 땐 감동이 크지만 시간이 지나면 다시 그 순간이 그리워지고, 더 좋은 곳을 가고 싶다는 욕망이 생긴다. 만족은 늘 다음으로 미뤄지고, 지금 이 순간은 어딘가 자꾸 부족하게 느껴진다.

둘째는 '실존의 갈구'다. 이는 자신의 존재를 계속 유지하고 싶은 집착이다. 누구나 오래 살고 싶고, 나의 존재가 가치 있다고 인정받고 싶어 한다. 하지만 시간이 흐르면서 나이 들어 사회적 위치나 역할이 달라지면 불안해진다. 은퇴를 앞둔 사람이 조직 내 자신의 역할이 더 이상 필요하지 않다고 느낄 때 깊은 상실감에 빠지는 것도 이 실존적 갈구에서 비롯된 괴로움이다. 존재에 대한 집착이 클수록 변화에 대한 두려움도 커지게 된다.

셋째는 '소멸의 갈구'다. 이는 단순히 사라지고 싶다는 의미가 아니라, 내 존재가 없어지더라도 더 높은 차원의 무언가와 하나가 되고 싶은 바람이다. 삶이 허무하게 느껴질 때 고통에서 벗어나고 싶고, 해탈하고 싶고, 완전한 평온을 원하게 된다. 하지만 그 상태에 다다르지 못할수록 그 간절함은 오히려 또 다른 괴로움이 된다. 절대적인 평화를 향한 소망조차 갈구일 수 있다.

붓다는 이 모든 갈구에서 벗어날 때 진정한 자유가 시작된다고 했다. 원하는 것을 얻지 못하면 괴롭고, 얻었다 해도 그것이 사라질까 불안해진다. 만족한 순간에도 더 큰 것을 바라는 마음이 또 생기게 된다. 하지만 지금 이 순간을 있는 그대로 받아들이고 갈구에 휘둘리지 않는다면 마음은 훨씬 더 자유로워질 수 있다. 예를 들어, 비 오는 날 화창한 날씨를 기대하면 하루 종일 짜증이 나지만, 그냥 비 오는 날을 있는 그대로 받아들이고 창밖의 풍경을 바라보면 의외의 평온함을 느낄 수 있다. 갈구를 내려놓을수록 우리는 괴로움이 아닌 자유를 경험하게 된다.

기대가 크면 실망도 크다

기대란 채워지면 기분이 좋고, 채워지지 않으면 기분이 나빠진다. 만약 기대가 크지 않다면 채워져도 그만이고 채워지지 않아도 큰 영향을 받지 않는다. 흔히 "기대가 크면 실망도 크다"는 말을 한다. 기대의 크기만큼 실망의 강도도 커질 수 있다는 뜻이다. 그러면 기대가 전혀 없으면 실망도 없을까? 실제로 그런지 한 사례를 살펴보면 흥미롭다.

한 노총각이 있었다. 그는 나이가 들수록 결혼에 대한 바람이 커졌고, 어느 날 한 여성과 선을 보게 되었다. 그는 말하길 "이번엔 정말 아무 기대 없이 나갑니다"라고 했다. 상대에 대한 기대를 완전히 내려놓았다고 말하며 그 자리에 나갔다. 멀리서 걸어오는 여성의 모습을 보자 그는 실망했다고 한다. 과연 아무런 기대를 하지 않았던 걸까? 겉으로는 기대를 버렸다고 했지만, 그의 마음속에는 숨겨진 기대가 자리 잡고 있었던 것이다.

이처럼 기대는 두 가지 형태로 나눌 수 있다. 하나는 우리가 의식적으로 인식하고 있는 '명시적 기대', 다른 하나는 무의식 중에 작동하는

'암묵적 기대'다. 명시적 기대란 말 그대로 우리가 스스로 인식하고 있는 기대다. 예를 들어 친구와 만나기로 했을 때 좋은 시간을 보낼 거라고 생각하거나, 부하직원에게 어떤 일을 부탁하면서 저녁까지 마무리되기를 바라는 것 등이 여기에 해당한다. 이런 기대는 명확한 목표나 기준이 있고, 우리는 그것을 쉽게 인식하고 있다.

반면 암묵적 기대는 우리가 자각하지 못하는 깊은 곳에서 자연스럽게 생겨나는 기대다. 심리학에서 유사한 의미로 '무의식적 신념(Unconscious Beliefs)'이 있다. 이것은 과거의 경험이나 학습을 통해 형성된 것으로, 우리가 의도하지 않아도 특정한 상황에서 자연스럽게 드러난다. 예를 들어 자장면을 먹는 장면을 떠올려보자. 우리는 어릴 때부터 자장면을 먹으며 '이 정도는 돼야 맛있는 자장면이지' 하는 나름의 기준을 마음속에 세워왔다. 그래서 자장면을 먹을 때마다 이전에 만들어진 기준과 비교하여 '맛있다', '맛없다'라고 쉽게 판단한다. 이는 우리가 의식하지 않았더라도 이미 마음속에 무의식적인 기준선이 존재하고 있었기 때문이다.

암묵적 기대는 어떤 일이 실제로 벌어졌을 때 비로소 드러난다. 기대하지 않았는데도 실망했다면, 그것은 분명 마음 어딘가에 기대가 있었던 것이다. 결국 실망이 없었던 것이 아니라 자각하지 못한 기대가 있었던 것이다.

감정의 이면에 숨겨진 기대와 욕구

욕구는 우리가 살아가면서 자연스럽게 채우고 싶어 하는 기본적인 동기이다. 이 욕구들은 우리의 행동과 감정에 큰 영향을 준다. 그리고 이 욕구를 채우기 위한 심리적 통로가 바로 '기대'이다. 사티어의 빙산 모델에서도 기대는 핵심적인 내면 요소로 등장한다. 우리는 사람이나 세상에 대해 어떤 기대를 품고 살아가며, 이 기대는 결국 내면 깊숙한 곳에 자리한 욕구와 맞닿아 있다.

예를 들어, 어렵게 목표를 이룬 뒤 '사람들이 나를 칭찬해 줘야 한다'는 기대가 생긴다면, 이는 내가 인정받고 싶은 욕구를 갖고 있다는 뜻이다. 우리는 이렇게 기대를 통해 자신의 욕구를 충족시키려 한다. 하지만 현실에서는 기대가 항상 채워지지 않는다. 기대가 채워지지 않으면 실망하거나 좌절하게 되고, 그때 느껴지는 감정은 욕구가 충족되지 않았다는 신호이다. 다시 말해, 감정을 잘 들여다보면 그 안에는 내가 진짜로 원했던 기대와 욕구가 숨어 있다는 것을 알 수 있다.

예를 들어 "나는 재미있게 일하고 싶다"라는 기대는 즐거움에 대한 욕구와 연결되어 있다. "사람들은 나를 좋아할 것이다"라는 기대는 사랑에 대한 욕구와, "내가 다니는 회사는 안정적이다"라는 기대는 '생존'에 대한 욕구와 이어진다. 결국 우리의 행동은 눈에 보이는 빙산의 일각일 뿐이고, 그 아래에는 기대와 욕구라는 더 깊은 내면의 층이 자리하고 있다.

기대를 이해한다는 것은 단순히 감정을 관리하는 차원을 넘어, 나 자신의 내면을 건강하게 돌보는 일이다. 예를 들어, 열심히 준비한 프레젠테이션을 마친 뒤 동료들의 긍정적인 반응을 기대했지만 아무런 피드백이 없었다면 실망할 수 있다. 이는 '나의 발표는 인정받아야 해!'라는 기대가 힘의 욕구를 충족하지 못했기 때문이다. 욕구를 채우기 위해서 동료들에게 자신이 잘했던 점을 칭찬해 달라고 요청할 수도 있다. 결국 우리가 갖는 기대는 욕구를 채우고 싶기 때문이다.

자신과 타인에 대한 기대

버지니아 사티어는 기대의 방향에 대해 세 가지를 이야기했다. 바로 자신에 대한 기대, 타인에 대한 기대, 그리고 타인이 자신에게 갖는 기대이다. 이 중 '자신에 대한 기대'와 '타인에 대한 기대'는 관계 속에서 어떤 방식으로 작용하는지 이해하는 데 중요한 단서가 된다. 본질적으로 욕구는 자신의 것이지만, 그 욕구를 충족시키는 행동은 대부분 타인과의 관계를 통해 이루어진다. 예를 들어, '사랑'의 욕구는 타인과의 정서적 연결을 통해 채워지고, '힘'의 욕구는 타인의 인정이나 비교 속에서 성취감을 얻으며 만족된다. '즐거움'의 욕구 또한 혼자보다는 타인과 함께 웃고, 무언가를 공유할 때 더 깊이 충족된다.

먼저, 자신에 대한 기대는 '나는 이렇게 해야 한다'는 내면적 기준을 의미한다. 이러한 기대는 과거의 경험을 바탕으로 형성된다. 예를 들어, "나는 친구들에게 좋은 사람이 되어야 한다", "가족에게 자랑스러운 존재여야 한다", "어떤 어려움도 혼자서 이겨내야 한다"와 같은 자기 기대가 있다. 하지만 이러한 기대가 지나치게 높거나 현실과의 차이가 클 경우 오히려 스트레스와 불안, 좌절감을 유발할 수 있다. 자신에 대한 기대에 도달하지 못한다고 느끼면 자존감마저 흔들릴 수 있다.

타인에 대한 기대는 '다른 사람은 이렇게 행동해야 한다'는 생각이다. 이 기대는 삶의 경험, 사회적 통념, 혹은 미디어와 SNS 등 다양한 외부 영향 속에서 형성된다. 예를 들어, "친구는 내가 힘들 때 당연히 위로해줘야 한다", "가족은 나를 이해하고 지지해줘야 한다", "배우자는 언제나 나를 사랑하고 헌신해야 한다"는 식이다. 그러나 현실이 이러한 기대에 부응하지 않을 경우 우리는 상대방에 대해 실망하거나 분노하게 되거나, 때로는 깊은 배신감마저 느끼게 된다.

욕구	자신에 대한 기대 (보여지는 모습)	타인에 대한 기대 (요구하는 모습)
생존	질서와 안전을 지키려는 방식으로 행동함 (규칙 지키기, 시간 관리하기)	타인이 예측 가능하고 책임 있게 행동하길 기대함 (예의 있게 행동하기, 약속 지키기, 질서 유지하기)
사랑	타인과 관계를 맺으려 하고 연결감을 표현함 (대화 시도, 기념일 챙기기, 따뜻한 관심 표현하기)	타인이 나에게 관심을 주고 함께 있어 주기를 기대함 (친근하게 다가와 주기, 친밀한 관계 형성하기, 공감해 주기)
힘	리더십 발휘, 역할적 행사, 주도적으로 결정함 (권한을 갖고 의사결정에 참여하기)	타인이 나를 인정하고 권한을 부여하길 바람 (칭찬과 인정해 주기, 권한위임)
자유	간섭 받지 않고 독립적으로 행동함 (스스로 실행하기, 지시 없이 혼자 일하기)	타인이 나의 자율성을 존중하고, 간섭하지 않기를 기대함 (귀찮게 하지 않기, 존중해 주기)
즐거움	함께 웃고 즐기는 활동을 하고 분위기를 재미있게 만듦 (취미활동 하기, 재미있게 놀기)	타인이 나에게 유쾌하고 긍정적인 교류를 제공하길 기대함 (함께 웃고 즐기기, 좋은 정보 알려주기)

자신에 대한 기대는 내가 어떤 행동을 하고 어떤 계획을 세워 욕구를 충족할 수 있는가에 관한 것이다. 반면 타인에 대한 기대는 내 욕구를 충족시키기 위해 상대가 어떻게 행동해주기를 바라는가에 관한 것이다. 이 중에서도 관계에서 가장 큰 갈등을 유발하는 것은 '타인에 대한

기대'다. 이것은 상대가 자신이 기대한 대로 행동하지 않을 때 실망과 스트레스가 쌓이기 때문이다.

  코칭에서도 고객이 가진 욕구가 관계 안에서 기대하는 것이 무엇인지 명확히 파악하면 갈등이나 감정적인 문제를 보다 효과적으로 다룰 수 있다. 특히 갈등이 반복되거나 특정한 감정이 쉽게 유발된다면, 그 안에는 충족되지 않은 욕구가 있다는 신호다. 만약 어떤 사람과 갈등이 생겼다면 가장 효과적인 해결책은 그 사람과 적절한 거리를 두는 것이다. 하지만 가족이나 가까운 친구처럼 관계를 쉽게 끊을 수 없는 사람이라면 이때는 서로의 욕구를 솔직하게 나누고 함께 지켜야 할 규칙을 만들어야 한다. 기대를 조율하고 서로의 욕구를 이해하는 대화는 갈등을 줄이고 관계를 더 건강하게 만들어준다.

4. 감정과 사고

감정과 사고를 제대로 인식하고 관리할 수 있을 때 삶의 균형과 생산성을 높일 수 있다.

감정의 숨겨진 메시지 읽기

아들러(Alfred Adler)는 감정을 단순한 반응으로 보지 않았다. 그는 감정을 어떤 목적을 가진 신호로 이해했다. 감정은 우리에게 무엇을 해야 하는지 알려주는 중요한 메시지이며, 감정이 나를 어디로 이끌고 있는지 이해하면 더 나은 선택을 할 수 있다고 보았다. 많은 사람들은 불안하거나 짜증나고, 외롭거나 화가 날 때 이런 감정들을 단지 부정적인 것으로만 여긴다. 하지만 실제로 감정은 변화와 행동을 요구하는 메시지를 담고 있다.

예를 들어, '불안'은 무언가를 준비하라는 신호이다. 중요한 발표를 앞두고 불안을 느낀다면, 그것은 아직 충분한 준비가 되지 않았거나 스스로 만족할 수 있는 기준을 설정하지 않았다는 뜻일 수 있다. 내용을 더 정리하고 연습하면 불안은 줄어든다. 시험을 앞두고 느끼는 불안 역시 공부 계획을 다시 점검하고 부족한 부분을 보완하라는 메시지로 볼 수 있다. 불안은 단순히 괴로운 감정이 아니라 만족할 만한 기준선을 만들고 준비해야 한다는 신호이다.

'짜증'은 해결할 문제가 있다는 신호다. 반복적인 실수나 비효율적인 업무 방식이 원인일 수 있는데, 이럴 때는 일의 구조를 재정비하거나 우선순위를 다시 설정해야 한다. 가까운 사람과의 관계에서 짜증이 난다면 감정을 억누르기보다 솔직하게 표현하고 서로의 기대를 조율해야 한다. 짜증은 정리되지 않은 문제를 직면하고 해결하라는 감정의 알림이다.

'분노'는 내 경계가 침해되었거나, 변화가 필요하다는 강력한 메시지를 담고 있다. 직장에서 부당한 대우를 받았을 때, 친구가 약속을 반복적으로 어겼을 때, 그 감정은 내게 '이 관계의 기준을 다시 설정하라'고 말한다. 분노는 내가 중요하게 여기는 가치를 지키고 더 이상 무시하지 말라는 감정의 외침이다.

결국 부정적인 감정은 우리를 괴롭게 하려는 것이 아니라 우리에게 중요한 메시지를 전하려는 것이다. 감정은 목적을 가진다. 부정적인 감정이 올라올 때는 그 감정을 억누르기보다 "이 감정이 나에게 무엇을 말하고 있는가?"를 물어보아야 한다. 화가 난다면 "내가 옳다고 생각하는 것은 무엇인가?", 불안하다면 "내가 지금 어떤 준비를 해야 하는가?"라고 스스로에게 질문해보는 것이 필요하다. 중요한 것은 감정을 단순히 느끼고 흘려보내는 것이 아니라, 그 감정이 알려주는 메시지를 읽고 그것을 향해 행동하는 것이다.

기억을 통해 만들어지는 '나'

기억을 잃은 사람이 전혀 다른 삶을 살아가는 이야기는 영화에서 자주 등장한다. 과거에 냉혹한 킬러였던 사람이 기억을 잃고 평범한 시민으로 살아가거나, 한때 부유했던 사람이 모든 기억을 잃은 뒤 길거리에서 새로운 삶을 시작하는 이야기가 있다. 기억이 사라지는 순간 과거의 경험, 성격, 가치관, 습관까지 함께 사라지며 완전히 새로운 사람이 되어버린다. 기억상실증으로 인해 과거의 모든 기억이 사라진다면, 나는 여전히 '나'라고 말할 수 있을까?

심리학에서는 '자서전적 기억(autobiographical memory)'이라는 개념이 있다. 심리학자 마틴 콘웨이(Martin A. Conway)는 자서전적 기억이 개인의 정체성, 감정, 목표와 밀접하게 연결되어 있다고 설명했다. 그는 기억이 단순히 정보를 저장하는 기능이 아니라 자신의 삶을 이해하고 해석하는 과정이라고 보았다. 또 다른 학자인 엔델 털빙(Endel Tulving)은 자서전적 기억을 시간, 장소, 그리고 자기 자신과의 관계 속에서 경험한 사건을 떠올릴 수 있는 능력이라고 정의했다. 한마디로 자서전적 기억이란 '나'라는 존재를 설명해주는 기억들의 총합이다. 내 인생에서 있었던 사실들과 경험들로 구성된 일종의 머릿속 자서

전인 셈이다. 이런 기억들이 있기에 우리는 자신이 누구인지 스스로 인식할 수 있다.

예를 들어, 어릴 때 처음 자전거를 배웠던 기억은 단순한 기술 습득으로 끝나지 않는다. 넘어졌을 때의 아픔과 두려움, 다시 일어섰을 때의 떨림, 균형을 잡았을 때의 뿌듯함까지 모두 내면 어딘가에 남아 있다. 이 경험은 단지 자전거를 배웠다는 사실을 넘어서 '노력하면 해낼 수 있다'는 신념으로 전환된다. 자전거를 탔던 순간은 지나갔지만, 그때의 감정과 의미는 자서전적 기억으로 남아 이후 도전 앞에서 포기하지 않는 힘이 된다.

직장에서의 경험도 마찬가지다. 입사 첫날의 설렘과 긴장, 실수로 인한 좌절, 그리고 작은 성공의 기쁨은 단순한 업무 경험이 아니라 내가 나를 바라보는 방식에 영향을 준다. 실수를 통해 얻은 교훈은 다음 선택을 더 신중하게 만들고 작은 성공들은 자신감과 자부심으로 축적된다. 예전에는 사소한 일에도 쉽게 긴장했지만 시간이 지날수록 침착하고 내면이 단단해진 나를 발견할 수 있는 것도 이러한 기억 덕분이다. 세상에 쓸데없는 경험은 없다고 한다. 자신이 했던 피나는 노력은 결과가 좋든 좋지 않든 그것이 다음 도전의 밑거름이 되기 때문이다.

이처럼 자서전적 기억은 단순한 정보의 나열이 아니라 '나'라는 사람을 구성하는 퍼즐 조각이다. 어떤 사건은 잊힐 수 있어도 그때의 감정과 경험은 성격과 가치관으로 남아 나를 만든다. 어린 시절 부모님의 따뜻한 격려는 자신감 있는 사람으로 자라게 하고, 친구와의 우정은 인간관계에서의 신뢰와 이해로 이어진다. 직장에서의 도전과 성취는 더 나은 미래를 향한 원동력이 된다. 결국 자서전적 기억은 단순히 과거를 떠올리는 것이 아니라 '나는 누구인가'라는 질문에 대한 답을 찾아가는 여정이다. 나라는 존재는 고정된 실체가 아니라 기억 속에서 끊임없이 다시 만들어지고 있다.

경험 자아와 기억 자아

대니얼 카너먼(Daniel Kahneman)은 우리가 어떤 경험을 할 때, 실제로 그 순간을 느끼는 방식과 나중에 그 경험을 기억하는 방식이 서로 다르다고 말한다. 그는 이를 '경험 자아(experiencing self)'와 '기억 자아(remembering self)'로 나누어 설명한다. 경험 자아는 말 그대로 '지금 이 순간'을 살아가는 자신이다. 우리가 어떤 일을 겪고 있을 때 느끼는 감정, 감각, 몰입 같은 실질적인 체험이 모두 여기에 속한다. 예를 들어 지금 커피를 마시며 느끼는 따뜻함이나 향긋함, 기분 좋음은 모두 경험 자아의 영역이다.

반면 기억 자아는 경험이 끝난 뒤, 그 경험을 어떻게 기억하고 해석할지를 결정하는 자아다. 기억자아는 전체 경험을 있는 그대로 저장하지 않는다. 대신 가장 강렬했던 순간(peak)과 마지막 순간(end)을 중심으로 기억을 재구성한다. 그래서 어떤 프로젝트가 매우 힘들었더라도 마지막에 "이번 프로젝트는 당신이 아니었으면 불가능했습니다."라는 말을 들으면 기억 자아는 그 경험을 긍정적으로 해석하게 된다.

하지만 아무런 인정도 없이 마무리되었다면, 그 기억은 고생만 했던 일로 남는다.

경험 자아는 '지금 이 순간'의 감정에 집중하는 현재의 나이고, 기억 자아는 그 모든 경험을 이야기처럼 엮어 '나의 기억'을 만드는 존재다. 예를 들어 친구들과 놀이공원에 가서 롤러코스터를 탔다고 해보자. 경험 자아는 롤러코스터를 타는 그 순간 긴장감과 스릴, 아찔함 같은 감정을 실시간으로 체험한다. 반면 기억 자아는 나중에 그 경험을 떠올릴 때 전체를 다 기억하지 않고 급강하 순간의 스릴이나 마지막에 멈췄을 때의 허탈감처럼 가장 인상 깊었던 순간에 집중한다. 만약 그 인상 깊은 순간이 불쾌하거나 충격적이었다면 전체적으로 즐거웠던 하루조차 부정적으로 기억될 수 있다.

결국 기억 자아는 최고조의 순간과 마지막 순간에 민감하게 반응하고, 이는 전체 경험에 대한 평가를 좌우한다. 또한 경험 자아가 실시간으로 받아들인 정보를 마음에 전달하면 기억 자아는 그것을 바탕으로 어떤 경험은 반복하고 싶어 하고, 어떤 경험은 피하려 한다. 우리의 선택과 행동은 실제 순간의 느낌보다 그것을 '어떻게 기억하느냐'에 더 크게 영향을 받는다.

내 삶을 움직이는 초기 기억의 힘

아들러는 어린 시절의 '초기 기억(Early Recollections, ERs)'을 개

인의 '삶의 방식(Life Style)'과 핵심 신념을 드러내는 중요한 단서로 보았다. 그는 초기 기억이 단순한 과거의 회상이 아니라 지금의 삶과 깊이 연결되어 있다고 말했다. 수많은 기억 중 반복해서 떠오르는 특정 장면은 결코 우연이 아니다. 그것은 그 사람의 신념, 목표, 태도와 밀접한 관련이 있다. 특히 초기 기억은 자신이 인생을 어떻게 바라보고 살아가는지를 무의식적으로 드러내는 거울과 같다.

사람은 과거의 기억을 통해 스스로에게 메시지를 전달한다. 위험한 상황이 닥치면 경고를 보내고, 힘든 순간에는 과거의 극복 경험을 떠올려 위로를 건넨다. 어떤 사람은 목표에 집중하기 위해 기억을 활용하고, 어떤 사람은 이전의 행동 방식을 따라 미래의 선택을 한다. 결국 초기 기억은 스스로에게 끊임없이 들려주는 삶의 이야기이자 현재의 나를 만든 핵심 열쇠이다.

이를 설명하는 비유로 '어린 코끼리' 이야기가 있다. 조련사는 새끼 코끼리의 발목에 쇠사슬을 채운다. 이 강렬한 경험은 '나는 벗어날 수 없다'는 기억으로 각인된다. 성체가 되어 힘이 충분해졌음에도 코끼리는 여전히 스스로를 쇠사슬에서 벗어날 수 없다고 인식하게 된다. 이처럼 아주 어릴 적, 작지만 강렬했던 기억은 삶의 중요한 결정에까지 영향을 준다.

한 중년 남성은 자신의 초기 기억을 이렇게 이야기했다. "5~6세 때였어요. 군인들이 행진하는 모습을 보고 너무 인상 깊어서 옷도 안 입은 채 밖으로 뛰쳐나갔던 기억이 납니다." 그는 지금도 무언가에 강한 흥미를 느끼면 물불 가리지 않고 행동하는 성향이 있다고 덧붙였다. 또 다른 사람은 "5살쯤, 집에 혼자 있었고 TV를 보다가 손을 뾰족한 것에 찔렸어요. 눈물이 났지만 도와줄 사람이 아무도 없었어요"라고 회상했다. 그는 이후 "무슨 일이든 도움보다는 내가 스스로 해내야 합니다"라는 삶의 태도를 갖게 되었다고 말했다. 외롭고 절박했던 순간이 자립심을 심어준 계기가 된 것이다.

나 역시 초기 기억이 선명하다. 여섯 살 무렵, 두 살 어린 남동생과 집에 단둘이 남겨졌던 날이었다. 오후가 되어 배가 너무 고파, 결국 내가 먼저 부엌으로 향했다. 그때 내가 할 수 있는 유일한 요리는 라면이었다. 어깨너머로 본 장면을 떠올리며 성냥으로 석유곤로에 불을 붙이고 물을 끓였다. 물을 너무 많이 넣어 밍밍했던 그 라면의 맛이 아직도 기억난다. 그 경험은 내게 '내가 움직이지 않으면 굶는다', '나는 책임져야 하는 사람이다' 라는 강력한 메시지로 남았다.

초기 기억이 지금의 삶에 어떤 영향을 주는지 명확하게 측정하기는 어렵다. 그러나 아주 어린 시절의 특정 장면이 지금도 선명하게 떠오른다면, 그것이 내 사고방식이나 행동에 어떤 연결고리를 가지고 있는지 돌아볼 필요가 있다. 마치 어린 코끼리의 발목에 채워졌던 쇠사슬처럼, 초기 기억은 성인이 된 이후에도 여전히 자신의 삶을 움직이는 중요한 심리적 기반이 될 수 있다.

자동적 사고, 뇌의 에너지 절약 시스템

사람은 하루에 약 35,000번의 결정을 내린다고 한다. 하지만 이렇게 많은 결정을 매번 의식적으로 내릴 수는 없다. 대부분의 선택은 관성처럼 습관적으로 이루어진다. 아침에 일어나 세수를 하거나 문 손잡이를 돌리고, 컴퓨터를 켜고, 양치를 하는 일들은 특별히 생각하지 않아도 저절로 이루어진다. 이는 뇌가 에너지를 절약하기 위해 반복적인 행동을 자동화하는 메커니즘 때문이다. 그래서 사람들은 자연스럽게 하던 대로 행동하려는 경향이 강하다. 이런 자동화 시스템은 뇌가 에너지를 효율적으로 쓰도록 돕지만, 때로는 비합리적이거나 잘못된 결정을 유도하기도 한다.

뇌과학자 마이클 가자니가(Michael S. Gazzaniga)는 인간의 뇌가 외부 정보를 받아들이고 해석하며 반응하는 과정의 대부분을 의식적인 노력 없이 자동으로 수행한다고 설명했다. 예를 들어 길을 걷다 갑자기 날아오는 공을 피하거나, 익숙한 길을 아무 생각 없이 걸어가는 것 등이 이에 해당한다. 심지어는 약속 장소가 바뀐 걸 알면서도 습관적으로 예전 장소로 향하거나 지하철을 반대로 타는 일도 있다. 이는 자동화된 사고가 그만큼 빠르고 강력하게 작동한다는 뜻이다.

자동화된 사고는 생존을 위해 반드시 필요한 기능이다. 뇌의 많은 에너지를 절약하고 빠른 반응과 의사결정을 가능하게 하며 반복적인 행동을 효율적으로 수행할 수 있도록 돕는다. 그러나 이와 동시에 고정관념이나 편견을 강화하고 기존의 행동 방식을 바꾸기 어렵게 만들기도 한다. 결국 자동적 사고를 인식하고 이해하는 일은 변화를 위해 꼭 필요한 과정이다. 우리가 상황에 어떻게 반응하느냐는 실제 사건 자체보다 그 상황을 어떤 해석과 시선으로 바라보느냐에 달려 있다.

확증 편향

확증 편향이란, 말 그대로 '확증'과 '편향'이라는 두 단어가 결합된 개념이다. '확증'은 이미 가지고 있는 믿음이나 가설을 확인하려는 경향을 뜻하고, '편향'은 특정 방향으로 사고나 판단이 치우치는 현상을 의미한다. 결국 확증 편향이란 자신이 옳다고 믿는 정보만 선택적으로 받아들이고, 반대되는 정보는 무시하거나 축소하는 심리적 경향을 말한다. 이 개념은 1960년대 초 영국의 심리학자 피터 와슨(Peter Wason)이 '선택 과제' 실험을 통해 처음 제시했다. 그의 연구는 사람들이 자신의 가설을 검증하기보다는 그것을 뒷받침하는 정보만을 찾으려 한다는 사실을 밝혀냈다.

확증 편향은 마치 터널 안에서 출구만 바라보는 것과 비슷하다. 자신이 보고 싶은 정보만 보고 불편한 정보는 외면한다. 이 편향의 뿌리는 자아를 지키고 싶어 하는 무의식적인 심리에서 비롯된다. 내가 틀릴지도 모른다는 불안 대신, '내 생각이 맞다'는 확신 속에서 심리적 안정을 얻고자 하는 것이다. 정치적 견해나 사회적 이슈에 대한 확신, 인종이나 성별에 대한 선호 역시 이런 확증 편향에서 비롯된다.

이와 관련한 사례가 바로 이그나스 제멜바이스(Ignaz Semmelweis) 박사의 이야기다. 그는 산욕열(산후패혈증)의 예방을 위해 손 씻기의 중요성을 강조한 최초의 인물이다. 1840년대 오스트리아 빈 종합병원에서 일하던 그는 출산 후 많은 산모들이 산욕열로 사망하는 현상에 주목했다. 그는 해부학 실습 후 의사들이 손을 씻지 않고 바로 분만을 돕는 것이 사망률 증가의 주요 원인이라는 가설을 세웠다. 이후 제멜바이스는 1847년부터 의사들에게 염소 석회수로 손을 철저히 소독하도록 권장했고, 이 간단한 위생 조치로 산모 사망률이 급격히 감소했다. 그러나 당시 의학계는 미생물 감염 이론이 정립되기 전이었기에 그의 주장은 과학적으로 증명되지 않았다며 무시 받았다.

이 일로 인해 그는 동료 의사들의 조롱과 반발을 불러왔다. 결국 제멜바이스는 의료계의 저항 속에서 우울증에 시달렸고, 정신병원에 강제 수용된 후 1865년 비극적으로 생을 마감했다. 이후 루이 파스퇴르(Louis Pasteur)와 조지프 리스터(Joseph Lister)의 연구로 감염의 원인과 예방이 과학적으로 입증되면서 제멜바이스는 현대 위생학의 선구자로 재평가 받았다. 오늘날 그는 '산모의 구원자'로 불리며 의료 위생과 감염 관리의 중요성을 알린 인물로 높이 평가되었다. 그리고, 손 씻기는 병원 감염을 막는 가장 기본적인 예방 수칙으로 자리잡게 되었다.

확증 편향은 누구에게나 나타나는 자연스러운 심리 작용이다. 중요한 건, 내가 그런 편향을 가질 수 있다는 사실을 자각하는 것이다. 확증 편향을 줄이기 위해서는 내 신념을 지지하는 정보만이 아니라, 그 신념에 도전하는 정보에도 의도적으로 귀를 기울이는 노력이 필요하다. 예를 들어 '주식을 하면 부자가 된다'는 믿음을 가지고 있다면, '주식으로 손해 본 사람들의 이야기'도 함께 살펴보는 것이다. 그렇게 다양한 시각을 받아들이면 사고의 균형이 잡히고 더 현명한 선택을 할 수 있다.

확신보다 중요한 건 열린 사고이다.

▍나를 지키려는 방해자

사보타주(Sabotage)란 조직이나 시스템을 의도적으로 방해하거나 망가뜨리는 행동을 말한다. 이 단어는 원래 프랑스어 'sabots(나막신)' 에서 유래했으며, 산업혁명 시기 노동자들이 기계화를 반대하며 나막신을 기계에 던져 생산을 방해한 사건에서 비롯된 것으로 알려져 있다. 여기서 파생된 자기 사보타주(Self-sabotage)는 타인이 아니라 스스로를 방해하는 행동, 즉 자신의 성장이나 변화를 막고 현재 상태에 안주하도록 만드는 심리적 작용을 의미한다.

자기 사보타주의 개념을 잘 보여주는 예가 '여우와 신포도' 이야기다. 여우는 높은 곳에 달린 포도를 먹고 싶어했지만 닿을 수 없자, 결국 "저 포도는 분명히 시었을 거야"라며 체념한다. 이는 스스로의 욕망을 부정하며 자존감을 보호하려는 심리 작용이다. 원하는 것을 이루지 못했을 때 느낄 실망이나 무력감을 피하기 위한 일종의 자기 방어다.

예전에 한 교육에서 '자신의 사보타주'와 대화하는 시간을 가진 적이 있다. 나의 사보타주는 청소를 귀찮아하고 정리를 미루는 모습이었다. 강사가 내게 물었다. "당신을 게으르게 만드는 사보타주는 당신에게 뭐라고 말하나요?" 나는 대답했다. "'힘든 너를 좀 쉬게 해주는 거잖아!' 라고 하네요." 그 순간, 나는 깨달았다. 내가 그동안 단점이라고 여겼던 사보타주는 사실 나를 보호하려는 역할을 하고 있었던 것이다. 이름을 붙이고 나서야 그 존재와 대화를 나눌 수 있었고, 그 안에 담긴 긍정적인 의도 또한 비로소 인식할 수 있었다.

사보타주는 우리가 무언가를 이루지 못하게 방해하려는 것이 아니라, 실패나 고통을 겪지 않도록 현실에 머물게 하려는 의도를 가지고 있다. 자기 사보타주는 다음과 같은 네 가지 유형으로 나타난다.

첫 번째는 '부정하기'다. 마음속으로는 간절히 원하면서도 "난 원하지 않아", "관심 없어"라고 말한다. 이는 실패에 대한 두려움이 클 때 흔히 나타나는 반응이다. 예를 들어, 새로운 일에 도전하고 싶지만 실패할까 봐 애초에 무관심한 척하며 기회를 피하는 경우가 여기에 해당한다.

두 번째는 '미루기'다. 해야 할 일을 뒤로 미루면서도 "난 막판에 집중이 잘 돼" 같은 말로 자신을 설득한다. 이는 스스로를 무능하다고 느끼지 않기 위해 만들어낸 심리적 방어다. 행동은 미루지만 마음속에서는 여전히 목표에 다가가고 있다는 착각을 유지하게 된다.

세 번째는 '일관성 없는 행동'이다. 어떤 일을 시작했다가도 조금만 어려움이 생기면 곧 포기한다. 그 밑바닥에는 '나는 어차피 안 될 거야'라는 자기 불신이 깔려 있다. 예를 들어, 다이어트를 결심하고 며칠 시도하다가 눈에 띄는 결과가 없으면 쉽게 포기하는 경우가 대표적이다.

네 번째는 '변명하기'다. 중요한 결정을 계속 미루며 "지금은 타이밍이 안 좋아", "조건이 안 맞아" 라며 책임을 회피한다. 이렇게 되면 주도적으로 삶을 이끌기보다는 관객처럼 상황만 지켜보게 된다. 마음속 깊은 곳에는 '나는 실패하기 싫어'라는 메시지가 깔려 있다.

이처럼 자기 사보타주는 겉으로 보기엔 방해자 같지만, 그 속을 들여다보면 자신을 지키려는 보호자이기도 하다. 중요한 것은 그 존재를 억누르거나 없애는 것이 아니라, 그 목소리를 들어보고 왜 그런 행동을 하게 만드는지 이해하는 것이다. 사보타주의 긍정적인 의도를 인식할 수 있을 때 우리는 더 이상 그 방해꾼에 끌려가지 않고, 그것을 넘어설 수 있는 주체가 된다.

변화는 '생각의 우선순위'가 바뀔 때 시작된다

사람이 변했다는 것은 무엇이 달라졌다는 뜻일까? 겉으로 보이는 행동이나 습관이 바뀌기도 하고, 삶을 바라보는 관점이나 가치관이 달라지기도 한다. 그 변화의 중심에는 언제나 사고 방식의 전환이 자리하고 있다. 우리가 어떤 행동을 선택하고 어디에 집중하는지는 결국 '생각의 우선순위'가 결정하기 때문이다.

A팀장은 얼마 전까지만 해도 시간 관리와 자기관리에 서툴렀다. 일을 미루거나 별다른 계획 없이 하루를 보내는 일이 많았다. 늘 바쁘지만 효율적이지는 못했다. 그러던 중 팀에서 갑작스럽게 퇴사자가 생기면서 네 명이 하던 일을 혼자 도맡아야 하는 상황이 닥쳤다. 그때부터 그는 '이대로는 안 되겠다'는 마음을 가지게 되었다고 한다. 무작정 일에 매달리다가는 버티기 어렵다는 걸 깨달았고 우선순위를 세우고 시간을 효율적으로 써야겠다고 결심했다.

이 결심을 계기로 그는 중요한 일과 그렇지 않은 일을 구분하고, 불필요한 시간 낭비를 줄이기 시작했다. 일정을 미리 정리하고 핵심 업무부터 처리하는 습관이 생겼고, 이전처럼 시간에 쫓겨 불안해하는 일도 점차 줄어들었다. 불안감도 줄고 스트레스도 덜해졌다. 힘든 상황이었지만 오히려 자신을 성장시키는 전환점이 된 것이다. 결국 변화는 결심에서 시작되었고, 생각의 우선순위가 바뀌는 순간 행동도 달라졌다.

예전에 그룹 코칭을 할 때 만난 한 본부장은 '사람과의 관계가 가장 중요하다'는 생각을 가지고 있었다. 그는 누구를 만나든 진심 어린 관심을 보였고, 상대방의 감정과 생각을 깊이 이해하려고 노력했다. 그 덕분에 직원들과는 신뢰를 바탕으로 깊이 연결될 수 있었다. 반면 어떤 사람은 마감처럼 외부 압박이 강해질 때 우선순위가 확 바뀐다. 마감이 다가오면 다른 모든 일을 미루고 그 일에만 집중하는데, 이때 일에 집중력은 높아지지만 주변 사람들에게 긴장감을 줄 수 있다. 이처럼 생각의 우선순위는 상황에 따라 달라지고 행동 방식에 영향을 준다.

누구에게나 '생각의 우선순위'가 있다. 어떤 이는 돈, 어떤 이는 건강이나 가족, 혹은 여행이나 자유를 가장 중요하게 여긴다. 그런데 인생의 크고 작은 사건들을 겪으며 그 우선순위는 달라지기도 한다. 승진과 성과를 인생의 중심에 두었던 사람이 큰 병을 겪은 뒤에는 가족과 함께하는 시간이 더 소중해질 수 있다. 많은 CEO나 임원 출신의 코치들이 이런 말을 하곤 한다. "회사를 다닐 때는 성과가 전부인 줄 알았어요. 그런데 지금 돌아보면 진짜 중요한 건 사람이었습니다." 그때는 보이지 않던 것이 지금은 보인다. 그것은 단순히 나이가 들어서가 아니라, 삶을 바라보는 시선이 바뀌면서 생각의 우선순위가 달라졌기 때문이다.

4분의 벽을 넘은 믿음의 힘

1954년 5월, 영국 옥스퍼드 대학교 트랙에서 한 번도 깨지지 않았던 기록에 도전하는 순간이 찾아왔다. 1.6km, 즉 1마일을 4분 안에 달리는 기록은 중거리 육상 선수들의 오랜 꿈이었지만, 아무도 그 벽을 넘지 못하고 있었다. 당시 전문가들은 "그 속도로 달리면 인간의 심장이 터질지도 모른다"고 말하며 시도조차 하지 못하도록 공포심을 조장했다. 1923년 핀란드의 파보 누르미가 4분 10초, 1945년 스웨덴의 군데르 하그가 4분 1.3초를 기록했지만 '4분의 장벽'은 여전히 넘지 못한 불가능의 상징으로 남아 있었다.

하지만 로저 배니스터(Roger Gilbert Bannister)는 달랐다. 그는 '인간의 한계는 마음이 만든 것일 뿐이다'라는 믿음을 가졌고, 그 믿음을 증명해 보이겠다는 각오로 트랙에 섰다. 1954년 5월 6일, 마침내 결전의 날이 찾아왔다. 배니스터는 1.6km를 3분 59초에 주파하며 역사상 처음으로 4분의 벽을 깨뜨렸다. 이 기록은 단순한 개인의 성취를 넘어 '불가능하다고 여겨지던 벽도 결국은 넘을 수 있다'는 상징이 되었다.

더 놀라운 일은 그 후에 벌어졌다. 불과 6주 후, 호주의 존 랜디가 3분 57.9초를 기록하며 다시 한 번 그 벽을 넘었고, 이후 37명의 선수가 연달아 4분 이내에 1.6km를 주파했다. 1956년에는 무려 300명이 넘는 선수들이 '4분의 장벽'을 넘어서는 데 성공했다. 처음엔 절대 불가능처럼 보였던 4분이라는 시간은 누군가 그 벽을 깬 순간 더 이상 한계가 아니게 되었다.

결국 4분의 벽을 만든 것은 신체적 조건이 아니라 스스로 만들어낸 믿음의 벽이었다. 불가능은 생각이 만들어낸 감옥이었고, 가능성은 그 감옥을 깨뜨릴 때 비로소 찾아왔다.

5. 사회적 역할과 역할 가치

다양한 사회적 역할에서 자신의 본질적 가치를 발견해야 한다.

관계가 역할을 만든다.

예전에 딸아이의 영어 공부 문제로 학원 원장님과 상담한 적이 있다. 우리 부부는 이렇게 물었다. "집에서 영어를 가르쳐 보려고 하는데 잘 안 되네요." 그러자 원장님은 이렇게 말했다. "집에서는 부모 역할만 해 주세요. 선생 역할은 저희에게 맡기셔야 합니다." 그 순간 나는 깨달았다. 우리는 부모이면서 동시에 선생 역할까지 하려고 했던 것이다. 그런데 아이가 진짜로 원했던 건 선생님이 아니라 그냥 부모였다. 물론 자녀와 미리 역할에 대한 합의가 있었다면 부모가 선생님 역할을 해도 괜찮다. 하지만 그런 합의 없이 부모가 일방적으로 역할을 바꾸면, 자녀는 기대했던 부모의 모습과 실제 행동 사이에서 혼란을 겪게 된다.

이처럼 사회적 역할은 관계 속에서 자연스럽게 형성된다. 그리고 그 관계가 끝나면 역할도 함께 사라진다. 예를 들어 식당에 가면 손님이 되고 식당 주인은 손님을 응대하는 역할을 맡는다. 하지만 식사를 마치고 식당을 나서는 순간 손님과 주인의 역할은 더 이상 유지되지 않는다. 직장도 마찬 가지다. 회사에 다니는 동안에는 팀장, 직장인, 상사, 부하, 동료 등 여러 역할을 동시에 수행하지만, 회사를 떠나는 순간 그 역할들도 자연스럽게 종료된다.

결국 사회적 역할이란 고정된 모습이 아니라 관계와 상황에 따라 정해지고 바뀌는 일시적인 설정이다. 지금 내가 어떤 역할을 하고 있다면, 그것은 현재 맺고 있는 관계 속에서 주어진 것이다. 역할을 잘 수행하기 위해서는 내가 누구와 어떤 관계 안에 있는지 먼저 인식해야 한다. 만약 관계가 변했다면 역할 역시 새롭게 조정되어야 한다. 예를 들어 부부가 이혼했다면 더 이상 예전의 남편이나 아내의 역할을 계속 유지할 수는 없다. 역할은 관계에서 비롯된다. 관계가 바뀌면 서로에 대한 기대도 달라지고, 그에 따라 자연스럽게 역할도 달라져야 한다.

▎ 사회적 가면, 페르소나

칼 융(Carl Gustav Jung)이 말한 '페르소나(Persona)'는 사회 속에서 역할을 수행하기 위해 쓰는 일종의 가면이다. 단순히 자신을 숨기기 위한 위장이 아니라 타인과 관계를 맺고 사회적 기대에 부응하기 위해 자연스럽게 만들어진 모습이다. 사람은 혼자 살아가는 존재가 아니기에 언제나 본모습 그대로 살아갈 수는 없다. 예를 들어, 처음 만난 사람에게 게으르거나 까칠한 모습을 그대로 드러내는 경우는 드물다. 우리는 상황과 역할에 따라 행동을 조절해야 관계가 유지된다는 사실을 잘 알고 있다.

작가 프란츠 카프카(Franz Kafka)의 삶은 페르소나가 어떻게 작동하는지를 보여주는 대표적인 사례다. 그는 낮에는 상해보험국 직원으로 성실하게 일했고, 밤이 되면 작가로서 자신만의 세계를 글로 풀어냈다. 겉으로 보기엔 모범적인 직장인이었지만 실제로는 일에 대한 불만이 많았다. 상사는 그런 그의 내면을 전혀 알지 못했다고 한다. 그는 직장에서의 페르소나와 예술가로서의 자아를 동시에 지닌 채 살아갔다. 이처럼 많은 사람이 사회적 역할을 충실히 수행하면서도 또 다른 자아를 간직한 채, 이중의 삶을 살아가기도 한다.

김대리의 이야기도 비슷하다. 회사에서는 책임감 있고 성실한 직원으로 인정받고 있으며, 스스로도 그런 모습이어야 한다고 믿는다. 상사는 김대리를 신뢰하며 중요한 일을 맡기고, 그녀 역시 그 기대에 부응하려 최선을 다했다. 한편 그녀는 부모님 앞에서는 언제나 밝고 착한 딸이다. 힘들어도 내색하지 않고 웃으며 말하고 감정을 쉽게 드러내지 않는다. 그런데 시간이 지날수록 진짜 마음을 드러내는 일이 점점 어려워졌다. 페르소나가 지나치게 강해지면 내면과의 거리감이 커지고, 결국 정서적으로 지치게 된다.

우리는 모두 여러 개의 페르소나를 갖고 살아간다. 부모님 앞에서의 모습, 직장에서 상사나 동료에게 보이는 모습, 친구들과 함께 있을 때의 편안한 모습도 모두 각각의 페르소나다. 문제는 특정 페르소나에 지나치게 몰입하게 되면 자신이 누구인지 점차 잃어버릴 수 있다는 데 있다. 실제로 배우들 중에는 극중에 맡은 역할에서 벗어나는 데 어려움을 겪는 경우도 많다. 자신이 누구인지 혼란을 느끼기 때문이다.

정신적으로 건강한 삶을 위해서는 지금 내가 어떤 페르소나를 쓰고 있는지를 자각하고 조절할 수 있어야 한다. 모든 것을 솔직하게 드러내고 살 수는 없지만 감정과 욕구를 억누르지 않으면서 균형을 잡는 것은 가능하다. 진짜 나를 지키는 힘은 가면을 벗는 데 있는 것이 아니라, 그 가면을 언제, 어떻게 쓸지 스스로 선택할 수 있는데 있다.

사회적 역할과 합의의 중요성

페르소나는 사회적 역할에 맞춰 우리가 형성하는 외적 자아이다. 예를 들어, 한 가정의 가장은 가족이 기대하는 모습에 부응하며, 그에 맞는 태도와 책임감을 갖추려 노력한다. 하지만 이 페르소나가 단지 다른 사람 앞에서 '가장 답게 보여야 한다'는 외적 이미지에만 머무르면 문제가 생긴다. 타인의 기대와 시선을 지나치게 의식하게 되고 가장이라는 역할을 자신과 동일시하게 되기 때문이다. 그렇게 되면 본인의 감정과 욕구는 점점 억눌리고 언젠가 정서적 피로와 괴리감을 겪게 된다. 반면 가장으로서 가족과 충분히 소통하고 공감과 합의를 바탕으로 '가정의 행복'이라는 공동의 목표를 세운다면 상황은 달라진다. 그 목표를 중심으로 역할을 자율적으로 나누고 서로를 지지하는 방식으로 관계가 형성되면 페르소나는 건강하게 작동한다. 이때 가장이라는 역할은 단지 책임을 지는 자리가 아니라, 함께 행복을 만들어가는 주체가 된다. 그 결과 개인의 만족과 가족의 안정이 자연스럽게 연결되고 가장으로서의 역할 수행도 더욱 만족하게 된다.

이 원리는 모든 사회적 관계에 똑같이 적용된다. 친구 관계에서도 우리는 각자의 페르소나를 가진다. 단순히 '친구'라는 외형적 모습에 머무는 것이 아니라 서로에게 긍정적인 영향을 주고받는 관계가 되는 것이 진정한 결과가 될 수 있다. 예를 들어 친구가 어려움을 겪을 때 진심으로 공감하고 조언해주는 행동은 관계의 깊이를 더한다. 이런 경험이 반복될수록 신뢰와 유대감도 더욱 단단해진다.

반대로 관계 유지를 위한 형식적인 만남은 겉보기엔 괜찮아 보일 수 있지만, 진정성이 결여되면 그 관계는 깊어지기 어렵고 점차 의미를 잃게 된다. 결국 친구로서의 페르소나도 단순한 역할 수행을 넘어서 어떤 관계를 원하는지, 어떤 결과를 바라는지를 명확히 해야 한다.

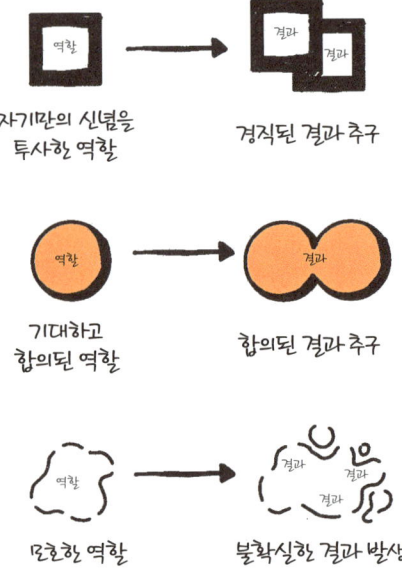

< 역할 합의에 따른 결과의 차이 >

이 과정에서 중요한 것은 '결과에 대한 합의'이다. 내가 맡은 역할이 어떤 목적과 결과를 위해 존재하는지 분명히 인식하고, 그 목표를 함께 하는 사람들과 충분히 공유하는 것이 핵심이다. 이 문제는 개인 차원을 넘어 가족이나 조직 전체의 성과와 직결되는 중요한 요소이기도 하다. 결국 역할을 잘 수행한다는 것은 결과에 대한 합의 아래 그에 맞는 행동과 태도를 의식적으로 선택하는 것을 뜻한다. 이를 위해서는 함께 하는 사람들과 끊임없이 소통하며 서로의 기대를 조율하는 과정이 반드시 필요하다. 그래야 역할과 결과가 유기적으로 연결되고, 그 속에서 내면의 안정감과 만족감이 자연스럽게 생겨난다.

핵심 가치와 역할 가치

우리는 일상에서 다양한 가치를 가지고 살아간다. 그 중 '핵심 가치'와 '역할 가치'는 비슷해 보이지만 사실 다르다. 핵심 가치는 윌리엄 글라써가 제시한 다섯 가지 욕구와 좋은 세계에서 비롯된다. 반면 역할 가치는 내가 맡은 역할에 따라 중요하게 여겨지는 가치이다.

예를 들어, 효율성을 핵심 가치로 삼는 사람이 있다. 이 사람은 직장과 모임에서 늘 자신만의 방식을 찾아 빠르게 일을 처리하려고 한다. 이는 그의 자유 욕구에서 나온 것이다. 그는 전통적인 방식을 따르는 것이 답답하고 지루하게 느낀다. 일을 자기 방식대로 빠르고 효과적으로 처리하며 자유를 느끼며 만족을 얻는다. 이처럼 욕구를 채우기 위해 드러난 기대가 '핵심 가치'가 된다.

반면 같은 효율성이라도 역할 가치로 여기는 사람도 있다. 회사에서 구매 담당자인 김 과장은 예산 관리를 중요하게 생각한다. 그는 철저하게 비용을 절감하고 낭비를 막는 일을 자신의 역할로 여기고 있다. 이 때 효율성은 자신이 맡은 역할에서 요구되는 '역할 가치'가 된다.

또 다른 사례로 정리 정돈을 생각해 보자. 정리 정돈을 '핵심 가치'로 가지고 있는 사람은 평소 정리하는 시간을 낸다. 그래서 물건을 항상 제자리에 두고 깨끗한 환경에서 안정감을 느낀다. 반면 회사에서 자료 정리를 철저히 하는 직원은 업무 효율을 높이고 동료들이 자료를 쉽게 찾도록 돕기 위해 정리를 중요시한다. 이는 직장 내 역할 가치에서 비롯된 것이다.

핵심 가치는 개인이 본능적으로 추구하는 욕구를 반영하여 '좋은 세계(Quality World)'를 지향한다. 반면 역할 가치는 맡겨진 역할을 수행하는 데 초점을 둔다. 그래서 핵심 가치는 상황이 바뀌어도 쉽게 변하지 않지만, 역할 가치는 역할이나 업무가 바뀌면 달라질 수 있다. 지금 내가 어떤 가치에 따라 움직이고 있는지 살펴보는 것은 내 행동을 이해하고 목표를 명확히 하는 데 도움이 된다.

▎역할에 의미를 더하는 역할 가치

사람은 누구나 사회 안에서 특정한 역할을 맡고 살아간다. 직장, 가정, 공동체 어디서든 각자의 자리에서 주어진 역할을 수행한다. 그런데 '내가 이 역할을 잘하고 있나?'라는 질문을 던졌을 때, 그 판단 기준이 바로 '역할 가치'다. 가치는 복잡한 상황에서 어떤 결정을 할지 알려주는 나침반과 같다. 예를 들어 응급실 의사는 '신속한 대응', '정확한 진단', '침착함 유지', '환자의 회복 돕기' 같은 역할 가치를 가진다. 이런 가치가 있기에 위급한 상황에서도 빠르고 정확한 의사결정을 할 수 있다. 역할 가치는 불필요한 망설임과 에너지 낭비를 막아주는 기준이 된다.

교사라는 직업도 마찬가지다. 처음에는 수업 준비와 지식 전달에 그칠 수 있지만, 시간이 지나면서 '교육에 대한 책임감', '학생에 대한 배려', '인내심', '성장에 대한 관심' 같은 가치가 내면에 자리 잡는다. 그 결과 점점 '교사다운 모습'이 만들어진다. 단순히 직무를 수행하는 수준을 넘어서 교육의 본질을 고민하고 학생 개개인의 가능성에 진심으로 다가가게 된다. 조직 관리자도 비슷하다. 처음에는 단순히 업무를 분배하고 실적을 관리하는 수준이지만 점차 '업무의 공정함', '영향력', '조직 간 협력', '성과에 대한 책임'과 같은 가치가 더해지면서 리더로 성장한다. 이런 내면의 기준은 결국 "그 사람 답다"는 인상을 만들고, 자신만의 리더십을 만드는 근거가 된다.

역할 가치는 습관과는 다르다. 습관은 무의식적으로 반복되는 행동이지만, 가치는 매 순간 행동을 선택할 때 기준과 방향성을 제공한다. 예를 들어 출근하자마자 이메일을 확인하는 것은 습관일 수 있다. 하지만 중요한 회의가 있을 때 이메일보다 회의 준비를 우선하는 행동은 '일에 대한 책임감'이라는 역할 가치에 따른 선택이다. 또 다른 예로, 부모가 매일 자녀와 식사하는 것은 일상의 루틴처럼 보이지만, 자녀가 고민을 털어놓을 때 진심으로 경청하는 태도는 '가족 간의 유대감'이라는 역할 가치가 작동했기 때문이다.

결국 역할 가치란 내가 어떤 관계 속에서든 역할을 안정감 있고 자신감 있게 수행할 수 있도록 돕는 기준이다. '내가 이 역할을 잘하고 있는 걸까?'라는 고민이 든다면 '이 역할 안에서 내가 가장 중요하게 여겨야 할 가치는 무엇일까?'라고 스스로 묻는 것이 좋다. 그 질문에 답을 찾아가는 과정에서 내가 맡은 역할의 의미와 방향성이 더욱 선명해질 것이다.

역할에 따른 가치의 충돌

우리는 살아가면서 교육과 경험을 통해 무엇이 가치 있는 일인지 배우게 된다. 그렇게 형성된 가치는 어느새 삶의 기준이 되어 일이나 사람, 조직을 대하는 태도에 영향을 준다. 중요한 선택의 순간이 왔을 때, 그 방향을 정하는 것도 바로 가치다.

예를 들어, 어떤 사람은 '가족의 행복'을 가장 소중한 가치로 여긴다. 가족과 함께 시간을 보내고, 가족의 기대에 부응하는 것을 인생의 행복으로 여긴다. 그런데 이 사람에게 회사에서 해외 근무 기회가 주어졌을 때 깊은 고민이 생겼다. 커리어적으로는 성장을 위한 좋은 기회이지만, 가족과 떨어져 지내야 한다는 점에서 갈등이 생긴다. 이때 직장인으로서의 '성장'이라는 역할 가치와 가장으로서의 '가정의 행복'이라는 역할 가치가 충돌한다. 어떤 선택을 하느냐에 따라 삶의 방향은 크게 달라진다.

이처럼 가치는 우리가 예측할 수 없는 미래에서 어떤 길을 선택할지 결정하는 기준이 된다. 하지만 서로 다른 역할과 그에 따른 가치들이 충돌하면서 내면의 갈등을 불러오기도 한다. 그래서 지금 내 삶에서 어떤 역할을 가장 소중하게 여기고 있는지 먼저 인식해야 한다. 또한 그 가치를 어떻게 실현할지 끊임없이 고민하고 주변 사람들과 소통하는 노력이 필요하다. 때로는 서로 다른 가치 사이에서 균형을 잡아야 하고, 어떤 순간에는 진정으로 내가 원하는 것을 역할 안에서 포기해야 할 때도 있다.

6. 지식과 역량

자기 인식과 성찰을 통해 지속적으로 지식과 역량을 확장하고 성장시켜 나가야 한다.

원하는 것을 실현하는 힘

스피노자(Baruch Spinoza)는 역량을 '우리가 원하는 것을 실제로 이룰 수 있는 힘'이라 했다. 가끔 과거를 돌아보며 '그때 왜 그런 선택을 했을까'라고 후회할 때가 있다. 만약 그 시절로 다시 돌아간다 해도, 결국 같은 선택을 반복했을 가능성이 크다. 왜냐하면 그때의 자신은 더 나은 선택을 할 만큼의 역량이 없었기 때문이다. 원하는 결과를 얻지 못했다면 그만큼 역량이 부족했다는 뜻이다.

스피노자의 관점에서 역량이란 원함(마음속 바람)과 사고(이성적인 생각)가 잘 어우러진 상태를 말한다. '원함'은 목표를 향해 나아가게 하는 동기이고, '사고'는 그 목표에 도달할 수 있도록 길을 안내해 주는 나침반과 같다. 예를 들어, 한 직장인이 "나는 인정받는 전문가가 되고 싶다"는 원함을 가지고 있다고 하자. 그렇다면 자신의 업무 역량을 키우기 위해 어떤 공부를 해야 할지, 누구에게 조언을 구하고 어떻게 시간을 써야 할지를 고민하는 것이 사고의 영역이다. 마음속의 바람과 이성적인 생각이 함께 작동해 행동으로 이어질 때, 역량은 점점 더 깊어지고 넓어진다.

사람마다 역량의 크기와 성장 속도는 다르다. 어떤 사람은 작은 성취에도 만족하지만, 또 어떤 사람은 더 큰 목표를 향해 도전하며 끊임없이 자신을 확장해 나간다. 중요한 것은 원함과 사고가 서로를 자극하며 지속적으로 성장할 수 있다는 점이다. 역량은 원함과 사고의 조화를 바탕으로 구체적인 행동을 통해 완성되는 노력의 산물이다.

▎시간을 단축하는 진짜 능력, 역량

어떤 일을 처음 시작할 때는 몰라서 하지 못하는 경우가 있다. 이럴 때는 교육이 필요하다. 필요한 지식이나 정보를 제대로 전달하면 그는 이해하게 되고 점차 실행할 수 있는 상태로 나아간다. 그래서 지금 그 사람에게 필요한 지식이 무엇인지 정확히 파악하고, 무엇을 배워야 하는지 찾는 과정이 중요하다.

하지만 단순히 아는 것만으로는 충분하지 않다. 실제로 그 일을 해내고 원하는 결과를 얻기 위해서는 '역량'이 필요하다. 역량이란 단순히 지식을 가진 것이 아니라, 알고 있는 것을 실제로 활용해 성과를 낼 수 있는 힘이다. 예를 들어 회의 운영 방법을 책이나 강의로 배웠다고 해서 곧바로 효과적인 회의를 이끌 수는 없다. 회의에 참여한 사람들의 의견을 조율하고 대화의 흐름을 자연스럽게 이끄는 것은 지식이 아닌 역량의 영역이다.

역량이 중요한 이유는 '시간'을 단축시켜주기 때문이다. 똑같은 일을 해도 역량이 높은 사람은 더 빠르고 효율적으로 결과를 낸다. 운전을 처음 배울 때를 떠올려 보자. 초보 운전자는 교통법규, 신호 체계, 자동차 조작법 등 기초 지식을 먼저 익힌다. 그러나 법규나 자동차 운전법을 안다고 해서 곧바로 능숙한 운전자가 되는 것은 아니다. 실제 도로 위에서는 순간적인 판단과 빠른 반응이 필요하다. 차선을 바꿀 때는 주변 차량의 흐름을 읽어야 하고, 비 오는 날에는 미끄럼을 방지하기 위해 브레이크 페달을 적절히 밟아 속도를 조절해야 한다. 이런 것들이 바로 '운전 역량'이다.

초보 운전자는 같은 거리를 가더라도 시간이 더 오래 걸리고 주차나 차선 변경 같은 기본적인 것도 어렵게 느껴진다. 운전하는 내내 긴장도 많이 한다. 하지만 운전 경험과 역량이 쌓이면 같은 길을 더 빠르고 여유 있게 갈 수 있다.

결국 중요한 것은 '무엇을 알고 있는가'보다 '알고 있는 것을 얼마나 잘 실행할 수 있는가'이다. 역량이 있어야 시간을 단축하고 원하는 결과에 더 빨리 도달할 수 있다. 시간이 무한하다면 굳이 역량이 필요 없다. 무한 원숭이 정리(Infinite monkey theorem)라는 말이 있다. 이것은 원숭이가 무한 시간 동안 타자기의 자판을 무작위로 누를 수 있다면, 어느 시점에는 셰익스피어 전집을 입력할 수 있다는 것이다. 하지만 우리는 시간의 제약 속에서 살아가고 있기 때문에, 결국 역량을 갖추는 것이야말로 삶과 일의 효율을 높이는 핵심이 된다.

역량은 사고하는 곳에 있다

예전에 한 공기업 임원과 코칭을 진행한 적이 있다. 그는 어떤 상황이든 단순하게 받아들이기보다 자꾸 복잡하게 꼬아 생각하는 경향이 있었다. 특히 '왜?'라는 질문을 끊임없이 반복하며 문제를 분석하려는 태도가 강했다.

그는 주말에 친구들과 골프를 치러 갔던 경험을 이야기해주었다. 그런데 그날따라 유난히 공이 원하는 방향으로 날아가지 않았다. 골프를 마치고 기차를 타고 집으로 돌아오는 길, 그는 혼자서 그 상황을 곱씹기 시작했다. 머릿속 생각이 가지처럼 뻗어나갔고 문제의 원인을 하나씩 정리하며 해결 방안을 그룹별로 나누어 수첩에 정리했다. 그렇게 한 시간 동안의 분석 끝에 내린 결론은 '좀 더 연습해야겠다'는 것이었다.

이런 사고방식은 SuccessFinder 진단에서 '복합성'이라는 내재 성향을 보여준다. 누군가는 복잡한 상황을 피하고 단순화하려 하지만, 그는 오히려 더 깊이 파고들었다. 기존의 정답에 안주하지 않고 다른 관점에서 끊임없이 문제를 재구성하려는 노력이 있었다. 복잡한 상황에서도 끝까지 분석하고 대안을 도출하려는 태도가 그의 경쟁력이 되었고, 이는 조직 내에서 남다른 성과로 이어졌다.

코칭에서 단순히 문제 해결에 집중하는 것보다 더 중요한 것은 고객이 가진 역량과 그에 따른 사고방식을 들여다보는 것이 중요하다. 외부의 문제가 아니라 고객 내부의 인식 구조와 사고의 흐름을 함께 탐색해야 한다. 그래야 고객이 세상을 어떤 시선으로 바라보고 문제를 어떻게 해석하고 반응하는지를 알 수 있다. 이 과정을 통해 고객은 진정한 성장의 기회를 얻게 된다. 바로 이것이 코칭의 궁극적인 목적이다.

사고방식이 역량을 만든다

사람은 각자 사고방식에 따라 행동하고, 그에 맞게 역량을 발휘한다. 어떤 사람은 데이터 분석을 통해 문제를 해결하고, 또 어떤 사람은 직관적으로 아이디어를 떠올려 상황에 접근한다. 일 처리 방식에서도 빠르게 성과를 내는 사람이 있는가 하면 완벽한 결과를 추구하며 꼼꼼히 진행하는 사람도 있다. 대인관계에 있어서도 공감과 배려를 중시하는 사람이 있는 반면, 리더십과 영향력을 중요하게 여기는 사람도 있다.

이처럼 사람마다 생각의 우선순위가 다르며, 이는 각자가 발휘하는 역량과도 밀접하게 연결되어 있다. 역량은 단일한 능력이 아니라 다양한 상황 속에서 요구되는 복합적인 힘이다. 인지적 역량, 대인관계 역량, 실행 역량, 리더십 역량, 문제 해결 역량, 자기관리 역량 등으로 나눌 수 있다.

역량은 단순한 반복 훈련만으로 개발되지 않는다. 스스로 질문을 던지고, 다양한 시각에서 사고하며, 자기 내면과의 대화를 통해 사고방식이 만들어질 때 더 깊이 발휘된다. 즉, 역량은 외부의 기술뿐만 아니라 내면의 변화와 통찰에서도 비롯된다.

1. 인지적 역량은 생각하고 판단하는 힘과 관련이 있다.

하위 역량	의도를 가진 내면 대화
분석적 사고력	핵심이 뭐지?, 뭐가 중요하지?, 놓친 건 없나?
전략적 사고력	길게 보면 뭐가 유리하지?, 이 선택이 미래에 좋은가?, 진짜 중요한 목표는 뭐지?
문제 해결력	진짜 문제는 뭘까?, 근본 원인은?, 어디부터 해결하지?
창의적 사고력	다른 방법 없나?, 색다른 접근법은?, 더 좋은 아이디어는?

2. 대인관계 역량은 사람들과 잘 소통하고 협력하는 데 필요한 능력이다.

하위 역량	의도를 가진 내면 대화
대인이해력	저 사람은 왜 저러지?, 상대가 뭘 고민하지?, 숨겨진 의도는 뭘까?
대인민감성	뭘 놓치고 있지?, 지금 상대 기분은?, 상대 표정에서 뭘 읽을 수 있지?
의사소통 능력	제대로 전달됐나?, 쉽게 말했나?, 다르게 표현하면 어떨까?
협상력	상대는 뭘 원하지?, 최소한의 합의점은?, 어디까지 양보할까?
갈등 관리 능력	어떻게 하면 둘 다 만족하지?, 갈등의 핵심은 뭐지?, 서로 원하는 건?

3. 실행 역량은 계획한 일을 실제로 실행에 옮기는 능력이다.

하위 역량	의도를 가진 내면 대화
계획 및 조직력	첫 번째 할 일은?, 효율적으로 하려면?, 지금 놓친 것은?
우선순위 설정	지금 제일 급한 게 뭘까?, 오늘 꼭 해야 할 일은?, 가장 큰 영향 주는 일은?
신속한 의사결정	지금 결정하면 뭐가 바뀌지?, 망설이면 손해는?, 바로 결정 못할 이유 있나?
책임감	내가 끝까지 책임질 일은?, 남에게 넘기지 말아야 할 일은?, 내 책임의 경계는?
성과 지향	목표 달성하려면 뭐가 더 필요하지?, 성과를 높일 방법은?, 한 걸음 더 가려면?
프로세스 운영	더 간단히 한다면?, 불필요한 단계는?, 과정을 더 빠르게 하려면?

4. 리더십 역량은 조직이나 팀을 이끄는 데 필요한 능력이다.

하위 역량	의도를 가진 내면 대화
비전 설정	어디로 가고 있지?, 진짜 목표는?, 구성원들과 방향이 같나?
동기부여	저 사람이 진짜 원하는 건 뭐지?, 상대방의 욕구는?, 무엇이 사람을 움직이게 하지?
코칭 및 피드백	어떤 질문이 도움될까?, 스스로 깨닫게 하려면?, 성장시키려면 뭘 물어봐야 하지?
의사결정	확신하기 위해 뭘 더 알아야 하지?, 결정 못 하는 이유는?, 결정 후 최악의 상황은?
조직 관리	구성원들이 뭘 잘하나?, 강점을 활용하고 있나?, 팀이 스스로 움직이게 하려면?

5. 문제 해결 역량은 문제 상황에서 효과적으로 대응하는 능력이다.

하위 역량	의도를 가진 내면 대화
논리적 사고	이 말이 논리적으로 맞나?, 빈틈없는가?, 다른 사람이 반박할 부분은?
데이터 분석	이 자료가 말하는 게 뭐지?, 핵심 메시지는?, 숫자가 주는 진짜 의미는?
위기 관리	지금 가장 큰 피해는?, 빠르게 조치할 일은?, 피해 범위와 대응전략은?
창의적 문제 해결	완전히 다른 방법은 없을까?, 한계를 없애면?, 이 문제를 거꾸로 보면?

6. 자기관리 역량은 자신을 잘 다스리고 성장시키는 능력이다.

하위 역량	의도를 가진 내면 대화
자기 조절	지금 이 행동 괜찮나?, 이 감정을 계속 유지해도 될까?, 장기적으로 괜찮은 행동인가?
스트레스 관리	뭐 때문에 스트레스 받지?, 지금 당장 할 수 있는 일은?, 무엇을 이해해야 하지?
자기 주도	내가 먼저 할 일은?, 기다릴 필요가 있나?, 지금 내가 할 수 있는 건?
시간 관리	지금 가장 중요한 일이 뭐지?, 시간 낭비는 없나?, 오늘 반드시 끝낼 일은?

역량을 갖추려면 먼저 자신이 가진 사고방식을 이해하는 것이 중요하다. 아무리 많은 지식과 기술을 익혀도, 사고방식을 바꾸지 않으면 새로운 역량을 키우기 어렵다. 역량을 발휘하려면 성과를 위해 스스로에게 의도(의식적인 방향성과 목적성)를 가진 질문을 던지고 대답하는 내면의 대화를 통해 새로운 관점이 생겨나야 한다. 이를 위해 역량이 뛰어난 사람이 어떤 생각을 하고 있는지 관찰하거나, 어떤 내면 대화를 하는지 물어보는 것도 도움이 된다. 예를 들어 기획 역량이 뛰어난 사람에게 기획을 시작할 때 어떤 흐름을 갖는지, 문서를 작성할 때 어떤 기준으로 내용을 정리하는지 알아보는 것이다.

모든 역량을 완벽하게 갖출 수는 없다. 마찬가지로 모든 조직이 동일한 역량을 요구하는 것도 아니다. 예를 들어 스타트업처럼 빠르게 변화하는 환경에서는 창의적인 문제 해결, 신속한 의사결정, 자기 주도성이 핵심 역량으로 간주된다. 반면 규모가 크고 체계가 잘 잡힌 조직에서는 전략적 사고, 조직 관리, 프로세스 운영 역량이 더 중요하게 여겨진다. 직무별로 요구 역량도 다르다. 세일즈 직무는 설득력 있는 커뮤니케이션이 중요하고, 연구개발 직무에서는 데이터 분석과 문제 해결 능력이 핵심이다.

결국 자신이 처한 환경과 조직 목표에 맞는 역량을 파악해야 한다. 그리고 그 역량과 연결된 사고방식을 키우는 '내면 대화'를 개발해야 한다. 지금 자신에게 어떤 질문을 던지고 어떤 내면 대화를 나누는지 인식하는 것에서 시작해야 한다. 그리고 그 대화가 더 나은 방향으로 흐르도록 새로운 관점의 질문을 추가하고 사고의 틀을 넓혀야 한다. 업무 속에서 마주하는 수많은 선택의 순간마다 성과를 향해 나아가는 '의도를 가진 내면 대화'가 곧 역량 개발의 출발점이 된다.

모순을 품어야 성장한다

리더십을 발휘하는 과정에서는 종종 '역량 패러독스'라는 상황을 마주하게 된다. 패러독스란 겉보기에는 서로 반대되거나 모순되어 보이지만, 두 가지 특성이 동시에 작용할 때 오히려 더 나은 결과를 만드는 현상을 말한다. 각 역량은 분명 강점이 될 수 있지만 실제 현장에서는 이들이 충돌하거나 균형을 맞추기 어려운 경우가 종종 있다. 이런 패러독스를 유연하게 다룰 수 있는 리더는 더 균형 잡힌 시야와 통합적 리더십을 발휘하며 성숙한 단계로 성장한다. 대표적인 예가 비전 제시와 분석력의 조합이다. 비전제시가 뛰어난 리더는 큰 그림을 그리고 구성원에게 방향성과 영감을 제공하는 데 강점을 가진다. 그러나 현실적 세부 사항을 놓치거나 실행 가능성을 충분히 고려하지 못할 수 있다. 반면 분석력이 뛰어난 리더는 데이터를 기반으로 신중하게 판단하고 철저한 계획을 세우지만, 과도한 분석은 속도를 늦추고 과감한 추진에 제약을 줄 수 있다. 이처럼 서로 다른 두 역량은 충돌할 수 있지만, 두 가지를 함께 갖추고 균형 있게 활용할 수 있다면 실현 가능한 비전을 추진할 수 있는 강력한 리더가 될 수 있다. 단순한 꿈이 아닌 실행 가능한 전략으로 전환할 수 있기 때문이다.

결국 어떤 역량도 단독으로 완전하지 않다. 뛰어난 역량일지라도 하나에만 몰두하면 한계가 드러난다. 서로 상반되어 보이는 역량을 동시에 품고 상황에 따라 조율하며 유연하게 활용하는 것이 진짜 역량의 힘이다. 리더십에서 패러독스를 잘 다루는 사람은 더 넓은 시야를 가지고 더 깊이 있는 판단을 내릴 수 있다. 처음에는 모순처럼 보여도, 이를 조화롭게 통합하면 리더십의 깊이는 더욱 풍성해진다. 그 외에도 다양한 패러독스들이 존재한다.

- 분석적 vs. 직관적
- 독립적 vs. 협력적
- 공감 vs. 엄격
- 원칙적 vs. 유연성
- 직설 대화 vs. 배려 대화
- 리더십 vs. 팔로워십
- 업무 주도 vs. 권한위임

결국 패러독스를 인식하고 균형 있게 다루려는 태도 자체가 역량 확장의 신호다.

질문의 의도와 맞는 세 가지 답변 방법

 누군가 질문을 했을 때, 먼저 그 사람이 어떤 수준의 답을 기대하는지 파악하는 것이 중요하다. 같은 질문이라도 상대가 원하는 깊이나 방향에 따라 대답의 방식은 달라질 수 있기 때문이다. 대답의 수준은 크게 세 가지로 나뉜다.

 첫째 Training 수준은 바로 실행 가능한 구체적인 방법을 알려주는 것이다. 둘째 Education 수준은 원칙이나 배경 지식을 설명해 질문자가 중장기적인 안목을 갖도록 돕는다. 셋째 Development 수준은 인생의 방향이나 태도와 같은 깊은 고민을 할 수 있도록 안내한다.

 예를 들어 누군가 "인생을 잘 사는 방법은 무엇인가요?"라고 물었을 때, 그 질문자가 어떤 답을 원하는지에 따라 대답도 달라져야 한다. Training 수준은 "지금 다이어리를 꺼내서 앞으로 하고 싶은 일 100가지를 적어보세요. 그중 한 가지를 골라 이번 주 안에 꼭 해보는 겁니다." 처럼 바로 실행할 수 있는 행동을 제시하는 것이 핵심이다. Education 수준은 "먼저 내가 어떤 삶을 살고 싶은지 정리해보세요. 그에 맞는 커리어나 목표를 세우고 존경하는 롤모델을 찾아 그 사람에게서 배우고 싶은 점을 정리해보는 것도 도움이 됩니다."라고 큰 그림을 그리도록 돕는다. Development 수준은 "인생을 잘 산다는 건 결국 자기 삶을 스스로 선택하고 책임지는 태도에서 시작됩니다. 때로는 결단도 필요하고 상황을 긍정적으로 해석하는 힘도 중요합니다."처럼 철학적이고 태도적인 관점을 제시한다.

다른 예로 "사람들 앞에서 발표하는 능력을 기르려면 어떻게 해야 하나요?"라는 질문에 대해 각 수준의 답은 다음과 같이 할 수 있다.

- Training 수준: "발표 전에 세 번 리허설을 하고, 첫 문장은 천천히 말해보세요."
- Education 수준: "자기 목소리를 녹음해서 들어보거나, 논리적으로 말하는 연습을 꾸준히 해보는 것도 좋아요."
- Development 수준: "청중에게 영향력을 주는 스피커가 되려면, 단순히 말을 잘하는 걸 넘어서 청중과 진정으로 연결되려는 마음이 중요합니다."

이처럼 하나의 질문에도 다양한 수준의 답이 있다. 질문하는 사람도 '내가 지금 어떤 수준의 대답을 원하는가'를 먼저 생각해야 한다. 그래야 상대에게 적절한 답을 요구할 수 있고 더 깊은 소통이 가능해진다.

2장
코칭 포인트
Coaching Point

1. 코칭의 목적과 역할

> 코칭은 개인과 조직의 숨겨진 잠재력을 이끌어내어 진정한 성장과 변화를 돕는 것이다.

▍코치가 가져야 할 의도

의도란 '무엇을 하고자 하는 생각이나 계획'을 뜻한다. 코칭에서는 흔히 '코치는 의도를 가지지 않아야 한다'고 하지만, 보다 정확히 말하면 코치는 '명확한 의도'를 가지고 코칭에 임해야 한다. 여기서 의도란 고객이 이야기하는 구체적인 contents(내용)에 대한 것이 아니라, 코칭의 전반적인 context(맥락)를 형성해 나가는 태도와 방향성을 의미한다.

contents에 대한 의도란, 고객이 제시한 주제를 코치가 미리 판단하거나 해석하여 대화를 이끄는 것이다. 예를 들어 고객이 "요즘 너무 힘들어요"라고 말했을 때, 코치가 '아마 자기 관리가 안 돼서 그럴 거야'

라고 짐작하며 대화를 이끌면 코치의 해석이 대화 흐름을 지배하게 된다. 이 경우 고객의 진짜 고민을 놓치고 깊은 탐색 없이 피상적인 해결책에 머무르기 쉽다. 결국 고객의 성장은 제한되고 코칭 효과도 떨어지게 된다.

반면 context에 대한 의도는 고객이 스스로를 탐색하고 해답을 찾아갈 수 있도록 돕는 코치의 태도다. 이는 고객의 감정을 깊이 이해하고 목표를 명확히 하며 자율적인 변화를 지지하는 것이 핵심이다. 예를 들어 "요즘 너무 힘들어요"라는 말에 코치가 "어떤 점이 가장 힘들게 느껴지시나요?", "그 마음은 어떤 메시지를 담고 있나요?"라고 질문하면 고객은 자신의 내면을 들여다보고 진짜 문제를 인식할 수 있게 된다.

context에 대한 의도를 가진 코치는 고객의 자기 인식과 통찰을 촉진하며 내면의 자원과 가능성을 발견한다. 코치는 고객의 삶이라는 무대에서 감독이나 각본가가 아니라, 주체적으로 삶을 살아가도록 지지하는 동반자 역할을 한다. 따라서 코칭 대화를 진행하는 중간에 코치는 자신에게 이렇게 물어야 한다. '지금 내가 가진 의도는 contents인가, context인가?' 이 같은 자기 점검은 코치가 고객과의 대화에서 더욱 진정성 있고 효과적으로 임할 수 있도록 만들어준다.

▎변화를 만드는 코칭 프레임의 힘

체중 감량이라는 목표가 있다. 현재 몸무게가 80kg이고, 5kg을 줄이고 싶다면 이를 바라보는 두 가지 방식이 있다. 하나는 '문제 해결 프레임', 다른 하나는 '코칭 프레임'이다.

문제 해결 프레임은 지금의 상황을 일종의 해결해야 할 문제로 인식한다. 즉, 체중이 증가한 상태는 해결해야 할 과제로 보는 것이다. 이때는 현재 상황을 분석하며 체중 증가의 원인을 찾고 이에 대한 해결 방법을 마련하는 데 집중한다. 예를 들어 식습관은 어떤지, 일주일에 운동은 얼마나 하는지, 생활 습관에 어떤 문제가 있는지를 질문한다. "최근 식단은 어떠세요?", "요즘 운동은 얼마나 하고 있나요?"와 같은 질문을 통해 원인을 파악하고, 그에 따른 구체적인 행동 계획을 수립하는 방식이다.

반면 코칭 프레임은 현재의 상태를 문제로 보지 않고 원하는 모습과 그 의미에 초점을 맞춘다. 단순히 몸무게를 줄이는 데 그치지 않고 '5kg 감량이 어떤 의미인지', '감량 후 어떤 변화가 생기길 원하는지'에 주목한다. 코치는 "5kg을 감량하면 어떤 점이 달라질까요?", "그 변화가 고객님에게 어떤 의미가 있을까요?"와 같은 질문을 통해 내면에 숨겨진 진짜 동기와 욕구를 탐색한다.

이 과정을 거치면 단순한 체중 감량이라는 목표를 넘어 건강한 생활 습관의 형성, 자신감 회복, 활력 있는 삶 등 더 본질적인 바람이 드러날 수 있다. 예를 들어 누군가가 단순히 숫자상의 체중 감소가 아닌 '건강한 삶'을 원한다면, 5kg 감량 이후에도 유지할 수 있는 생활 습관을 만드는 것이 훨씬 더 효과적이다. 이런 경우 코치는 "5kg을 뺀 후에 어떤 생활을 유지하고 싶으세요?"라는 질문을 통해 장기적인 라이프스타일의 변화를 함께 그려볼 수 있다.

문제 해결 프레임은 현재의 문제를 분석하고 개선에 집중하고, 코칭 프레임은 근본 동기와 내면의 욕구를 찾아 이를 실현하는 데 집중한다. 체중 감량뿐 아니라 다양한 목표 설정 과정에서 이 두 가지 프레임을 이해하고 적절히 활용하면 더욱 깊은 대화가 가능해진다.

코칭의 경계를 명확히 하라.

코칭을 효과적으로 진행하려면 처음부터 경계를 명확히 설정하는 것이 중요하다. 코칭은 고객에게 조언하거나 지시하는 것이 아니라 고객이 스스로 답을 찾도록 돕는 과정이다. 그래서 대화의 목적과 방향이 분명해야 제대로 된 코칭이 가능하다. 고객은 마음의 여유를 가지고 자신의 문제를 탐색할 준비가 되어 있어야 하고, 코치와 고객 모두 코칭의 목적과 역할을 정확히 이해하고 실행해야 좋은 결과가 나온다.

한국코치협회는 코칭을 '개인과 조직의 잠재력을 극대화하여 최상의 가치를 실현할 수 있도록 돕는 수평적 파트너십'이라고 정의한다. 흔히 병아리가 알에서 나오기 위해 어미 닭이 밖에서 동시에 쪼아야 한다는 의미로 '줄탁동기(啐啄同機)'라는 표현을 비유적으로 사용하기도 한다.

코칭이 효과를 발휘하려면 고객이 자신의 방식과 자원을 스스로 활용할 준비가 되어 있어야 한다. 하지만 고객이 기본적인 정보나 방법에 대한 이해가 부족하다면, 먼저 적절한 교육이나 안내로 지식의 기반을 마련할 필요가 있다. 코칭의 핵심은 고객이 스스로 해답을 찾도록 돕는 데 있다. 하지만 상황에 따라 정보나 지식 제공이 함께 이루어져야 할 때도 있으며, 그것이 오히려 고객의 탐색을 더 깊고 풍부하게 만들어줄 수 있다. 코칭이란 단지 질문을 던지는 것이 아니라 고객의 상황과 준비 상태에 맞춰 필요한 정보를 적절히 제공하는 유연한 지원까지 포함되어야 한다.

어떤 일을 성공적으로 해내기 위해서는 재능(Aptitude), 태도(Attitude), 그리고 가용자원(Available Resource)이 필요하다. 이 세 가지 중 하나라도 부족하면 성공 가능성은 낮아지므로, 먼저 이 요소들이 모두 갖춰져 있는지 점검하는 것이 중요하다. 부족한 부분이 있다면 이를 보완하는 것이 우선이다.

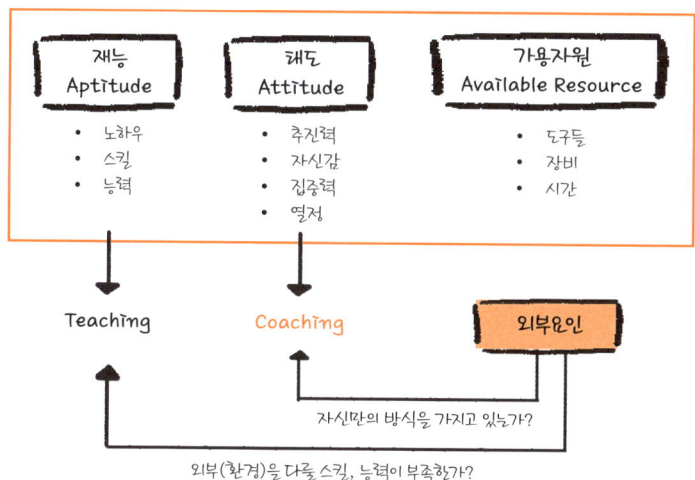

-출처: 브라이언 에머슨, 안네 로엘, A Manager's Guide to Coaching, 2008

만약 문제가 '재능'에서 비롯되었다면 교육이 효과적이다. 여기서 재능은 주로 지식이나 기술, 노하우와 관련되기에 이럴 때는 정보를 알려주는 방식이 적절하다. 예를 들어 문서 작성이나 프레젠테이션 스킬이 부족할 때 관련 교육이 직접적인 도움이 된다. 반면, '태도'에 문제가 있다면 교육보다 코칭이 효과적이다. 열정이 부족하거나 자신감이 떨어졌을 때는 단순히 정보를 전달하는 것으로는 충분하지 않다. 내면의 장애물을 들여다보고 새로운 관점에서 상황을 해석할 수 있도록 돕는 코칭이 필요하다.

외부 요인에 대한 지식이나 경험이 전무한 경우에도 교육이 필요하다. 예를 들어 프로젝트 관리 경험이 없는 사람이 일정과 예산을 어떻게 관리할지 모른다면 기본 지식을 먼저 갖추는 것이 필요하다. 하지만 이미 프로젝트를 관리해 봤고 더 효과적인 방식을 찾고 싶다면 코칭이 더 적합하다.

현장에서는 코칭과 교육의 경계가 완전히 분리되지는 않는다. 그래서 두 개념의 차이를 명확히 이해하고 있어야 코치가 상황에 맞게 적절히 대응할 수 있다. 교육이 필요한 상황에서는 필요한 정보를 전달하고, 코칭이 필요한 상황에서는 질문과 탐색을 통해 고객이 스스로 답을 찾을 수 있도록 도울 수 있다. 이것이 코칭의 경계를 이해하고 실천하는 태도이며 코칭 효과를 높이는 핵심 요소다.

문제란 앞으로 던지는 것

문제를 영어로 하면 Problem이다. 이 단어는 라틴어에서 유래되었으며, 두 부분으로 나뉜다. pro-는 '앞으로', -ballein은 '던지다'라는 뜻이다. 이 둘이 결합되면, 문제란 '앞으로 던지는 것'이 된다.

문제는 본래 보이지 않던 것을 앞으로 던짐으로써 눈앞에 드러나게 한다. 코칭은 바로 이 '던지기' 위한 공간을 마련해야 한다. 던짐을 통해 문제는 더 이상 고객을 짓누르는 것이 아니라 함께 다룰 수 있는 대상으로 전환된다. 그리고 그 문제를 앞에 두고 고객과 코치가 함께 바라보는 순간, 해결은 이미 시작된 것이다. 고객은 자신 안에 머물러 있던 상황, 환경, 생각, 감정, 갈등, 두려움, 기대 등 다양한 요소들을 '앞으로' 던질 수 있어야 한다. 이를 위해 가장 먼저 필요한 것은 '안심할 수 있는 환경'이다. 고객이 자신을 드러내려면 심리적으로 안전하다고 느껴야 한다. 그래서 코칭에서 비밀 유지는 가장 중요한 윤리 원칙으로 작동한다. 이 신뢰가 확보될 때 고객은 비로소 자신의 문제를 앞으로 꺼낼 수 있다.

한 팀장이 "요즘 팀원들과의 관계가 어렵습니다"고 고민을 털어놓은 적이 있다. 처음에는 단순한 관계의 문제처럼 보였지만, 편안히 이야기할 수 있도록 돕자 점차 내면의 이야기들이 드러내기 시작했다. "사실은 내가 팀장으로서 자격이 없는 게 아닐까 하는 불안이 있습니다", "내가 팀원에게 너무 기대하는 건 아닐까요?"와 같은 생각과 감정이 이어졌다. 이렇게 고객의 속마음이 코칭의 공간에 던져지면서 그것을 살펴보며 정리하려는 마음이 생겨났다. 이 팀장은 결국 자신의 업무 스타일에 대한 인식을 새롭게 하게 되었다. 팀원들이 더 성장하길 바라는 의도에서 몰아붙였는데, 그것이 오히려 문제였다는 사실을 깨달은 것이다. 그의 입장에서는 팀원 육성을 위한 전략이었지만 내성적인 성향의 팀원에게는 압박으로 느껴졌다.

이처럼 코치는 고객이 자신의 생각을 정리하고 시야를 확장할 수 있도록 돕는다. 만약 고객 스스로가 떠올리기 어려운 부분이 있다면 코치는 자신의 관점이나 아이디어를 함께 나누고 제안할 수 있다. 다만, 이 아이디어는 어디까지나 '제안'일 뿐이며, 선택과 실행의 주체는 언제나 고객이어야 한다.

이런 방식이 바로 코칭이다. 코칭은 고객이 스스로 문제를 다루고 성장해 나가도록 돕는 과정이다. 코칭은 문제를 없애는 게 아니라, 그 문제를 마주하고 앞으로 나아갈 수 있는 자신감을 심어주는 일이다. 그리고 그 문제를 함께 바라보며 새로운 시각으로 생각해볼 수 있도록 도와주는 사람이 바로 코치다.

질문의 방향에 따라 달라지는 코칭 대화

내면으로 들어가는 질문과 외부로 확장되는 질문이 있다. 내면으로 향하면 질문은 단순하고 명료해지며, 외부로 확장되는 질문은 여러 방향으로 뻗어나가 이슈가 복잡해지고 논점이 분산되기 쉽다. 무기력함과 감정 기복을 겪고 있는 고객은 그 경험을 통해 자기 신뢰와 삶의 우선순위를 찾고자 한다. 이때 질문의 방향에 따라 대화의 깊이와 초점이 어떻게 달라지는지 살펴보자.

〈외부로 확장되는 질문〉

코치: 요즘 무기력함을 느끼신다고 하셨는데, 어떤 상태인지 설명해주시겠어요?

고객: 몸이 무겁고 덜 중요한 일은 자꾸 미루게 돼요. 머릿속이 복잡하고 힘도 없어요.

코치: 그런 상태가 일상과 업무에 어떤 영향을 미치나요?

고객: 업무를 제때 처리하지 못하니까 상사에게 지적받을까 불안해지고, 팀원들에게도 신뢰를 잃을까 걱정돼요. 마감 기한이 다가올 때 더 스트레스를 받게 돼요.

코치: 그러면 이 무기력함이 다른 사람들과의 관계에는 어떤 영향을 주나요?

고객: 가족과도 예전처럼 편하게 대화하지 못하고, 친구들 모임도 자주 피하게 돼요. 사람들을 만나면 에너지가 더 빨리 소진되는 느낌이에요.

코치: 이런 상황에서 가장 해결하고 싶은 문제는 무엇인가요?

고객: 우선 업무의 우선순위를 정리해서 더 이상 쫓기지 않고 일하고 싶어요. 그리고 인간관계에서도 더 편안하게 소통하며 에너지를 회복하고 싶어요.

외부로 확장되는 코칭 대화는 외부 상황과 요인에 초점을 맞춘다. 이러한 접근은 행동 변화에 실질적인 도움이 될 수 있지만, 때로는 본질적인 변화에 도달하지 못할 수도 있다.

다음은 내면으로 들어가는 대화 사례이다.

〈내면으로 들어가는 질문〉

코치: 요즘 무기력함을 느끼신다고 하셨는데, 어떤 상태인지 설명해주시겠어요?

고객: 몸이 무겁고 덜 중요한 일은 자꾸 미루게 돼요. 머릿속이 복잡하고 힘도 없어요.

코치: 그 무거움과 복잡함 속에는 어떤 감정이 있나요?

고객: 답답함과 불안함이 있어요. 해야 할 일은 많은데 자꾸 미루게 되니까 자책감도 들고요.

코치: 그 감정들이 고객님에게 어떤 메시지를 주는 것 같나요?

고객: 음… 저한테 뭔가 중요한 걸 놓치고 있다는 경고 같아요. 더 이상 예전처럼 순발력만으로는 해결할 수 없다는 신호 같아요.

코치: 그렇다면 지금 가장 필요하다고 느끼는 것은 무엇인가요?

고객: 삶의 우선순위를 명확히 하고 더 주도적으로 살고 싶어요. 그래야 쫓기는 느낌에서 벗어날 수 있을 것 같아요.

내면으로 들어가는 질문은 고객의 감정과 욕구, 그 이면의 동기에 집중한다. 고객은 자신의 내면에서 올라오는 신호를 감지하고, 무엇이 중요한지 성찰하게 된다. 예를 들어 고객이 "A를 선택할지, B를 선택할지 고민입니다"라고 말했을 때, 외부로 확장된 질문은 "A를 선택하면 어떤 결과가 생길까요?", "A와 B를 모두 선택하지 않으면 어떻게 될까요?"처럼 결과 중심으로 흐른다. 반면 내면으로 향한 질문은 "이렇게 고민하고 있는 이유는 무엇인가요?", "고객님이 선택을 하기 위해 어떤 기준이 필요한가요?"처럼 내면의 동기와 선택의 기준에 주목한다.

질문이 내면으로 향할 때, 고객은 외부에서 답을 찾기보다 자신 안에서 답을 발견하게 된다. 코치는 고객의 감정과 사고를 존중하며 본질적인 통찰에 도달하도록 안내할 수도 있고, 외부 상황을 함께 정리하면서 실행 방안을 모색할 수도 있다. 중요한 것은 질문의 방향을 상황에 맞게 선택함으로써 고객이 보다 깊이 있고 주도적인 선택을 할 수 있도록 해야 한다.

2. 코칭 대화모델

구조화된 코칭 대화를 통해 상대방의 내적 통찰과 변화를 효과적으로 촉진할 수 있다.

주제는 출발점, 목표는 도착점이다

코칭 대화를 진행할 때는 '주제'와 '목표'를 명확히 구분하는 것이 중요하다. 주제는 고객이 이번 코칭에서 이야기하고 싶은 내용을 의미하며, 목표는 이 대화를 통해 고객이 얻고자 하는 구체적인 결과를 뜻한다. 주제는 코칭 대화의 출발점이다. 코치와 고객이 함께 "이 주제로 대화를 나누면 될까요?"와 같은 질문을 통해 대화의 방향을 설정하는 단계다. 반면 목표는 대화의 도착점으로, 코칭이 끝났을 때 고객이 어떤 상태에 도달하길 원하는지를 확인하는 것이다. 이때 자주 사용하는 질문은 "코칭이 끝났을 때 어떤 모습이면 만족하시겠어요?"이다. 이처럼 주제와 목표를 분명히 설정하면 코칭의 흐름이 보다 선명해지고 고객이 원하는 결과에 더욱 효과적으로 도달할 수 있다. 예를 들어보자.

고객: 요즘 스마트폰을 많이 봐서 그런지 집중력이 많이 약해진 것 같아요. 그래서 생활 습관을 바로잡는 것이 필요할 것 같습니다.
코치: 생활 습관을 바로잡는 것으로 코칭을 진행하면 될까요? (주제 합의: 고객이 대화의 방향성을 정하도록 돕는 질문)
고객: 네, 그 주제로 대화를 나누면 좋겠습니다.
코치: 좋습니다. 그럼 오늘 대화가 끝났을 때 어떤 결과를 얻고 싶으세요? (목표 설정: 대화를 통해 얻고자 하는 구체적인 결과를 묻는 질문)
고객: 일주일 동안 실천 가능한 생활 습관 계획을 세우고 싶습니다.

이처럼 주제는 "무슨 이야기를 할 건가요?"이고, 목표는 "대화가 끝났을 때 어떤 결과를 원하시나요?"에 해당한다. 코치가 이 두 가지를 명확히 구분하고 있으면 코칭 대화는 훨씬 더 분명하고 편안하게 진행될 수 있다.

목표의 재정의가 주는 힘

영업부서의 A부장은 인력 충원 문제로 고민하고 있었다. 회사 사정상 인력을 쉽게 늘릴 수 없다는 걸 잘 알고 있었지만, 부서원들이 힘들어하는 모습을 더 이상 지켜보기 어려웠다. 그런 상황에서 인사 담당자와의 미팅을 앞두고 코치인 나와 짧은 대화를 나누게 되었다.

A부장은 인사담당자를 만나기 전에 필요한 인원과 담당 업무를 정리하고, 왜 인력이 더 필요한지를 설명할 자료를 준비하고 있었다. 하지만 아무리 논리적으로 설명해도 조직이 받아들이지 않으면 인력 충원은 어렵다는 현실을 알고 있었기에 준비하는 상황에서도 마음이 무거웠다.

처음에 그가 세운 목표는 "어떻게 하면 인사 담당자에게 인력 충원을 설득할 수 있을까?"였다. 그만큼 자료 구성에 많은 신경을 썼지만, 곧 본질적인 한계를 깨달았다. 설득을 잘한다고 해서 당장 인력이 충원되는 것은 아니라는 것이다.

이에 그는 목표를 재정의하기로 했다. 새롭게 설정한 것은 "어떻게 하면 인사 담당자의 머릿속에 우리 부서 인력 충원을 우선순위로 인식하게 할까?"였다. 이제 그의 초점은 단기적인 설득이 아니라 상대방의 인식에 영향을 주는 방향으로 옮겨졌다.

목표를 재정의하자 A부장은 마음이 한결 가벼워졌고 접근 방식에서도 변화가 생겼다. 그는 무엇에 집중해야 할지 새로운 시선으로 바라보게 되었다. 인사 담당자의 머릿속에 인력 충원의 우선순위를 높이려면, 먼저 그의 입장을 이해하고 공감하는 것이 중요하다고 느꼈다. 그리고 A부장은 자신의 부서가 감당하고 있는 업무량과 인력이 부족한 현실을 진솔하게 공유하기로 마음먹었다. 목표를 재정의한 순간, 그의 전략도 바뀌었다. 이제 그는 설득을 넘어서 관계와 공감의 힘으로 변화의 문을 두드리기 시작했다.

▍ 목표와 대안을 구분하기

목표를 세울 때 '목표(Goal)'인지, 아니면 그 목표를 이루기 위한 '대안(Option)'인지 명확히 구분하는 것은 매우 중요하다. 이 구분이 모호하면 목표를 세웠다고 생각하지만 실제로는 대안에만 머무르게 되고 대화의 방향도 흐려질 수 있다.

예를 들어 누군가 "영어 공부를 해야겠다"고 말한다고 해보자. 이 말이 진짜 목표라면, 그 다음 단계는 '어떻게 영어 공부를 할 것인가?'에 대한 구체적인 방안을 고민하는 것이 될 것이다. 그러나 영어 공부가 단지 수단(Option)이라면, 그 이면에 있는 진짜 목표는 '자신감을 키우고 싶다', 또는 '커리어를 발전시키고 싶다'일 수 있다.

그래서 코치는 고객이 말하는 내용을 그대로 받아들이기보다는, 그것이 목표인지 아니면 그 목표를 이루기 위한 대안인지 함께 탐색해야 한다. 이 과정을 통해 대화의 초점이 더욱 분명해지고, 고객이 진정으로 원하는 방향으로 나아갈 수 있게 된다. 다음 사례를 살펴보자.

고객: 올해 대학 졸업반이 되면서 영어 공부를 좀 더 해야겠다는 생각이 들어서요. 어떻게 하면 꾸준히 할 수 있을지 고민이에요.
코치: 영어 공부를 해야겠다고 생각하신 이유가 있을까요?
고객: 음… 그냥 요즘 영어를 잘하면 기회가 많아질 것 같기도 하고, 주변에서도 많이들 공부하니까 저도 해야 할 것 같아서요.
코치: 그렇군요. 혹시 영어를 잘하게 되면 어떤 점이 달라질까요?

고객: 일단 해외 출장이나 외국인과의 미팅에서도 자신 있게 말할 수 있을 것 같고, 나중에 해외 취업도 고려할 수 있을 것 같아요.

코치: 그렇다면 영어 공부에 대해 이야기를 나눌까요? 아니면 미래의 기회에 대해 이야기를 나눌까요? (목표와 대안 구분하기)

고객: 음… 생각해보니 영어 공부가 목표라고만 생각했는데, 사실 취업이 궁극적인 목표일 수 있겠네요.

코치: 네, 그렇군요. 취업이 목표라면, 영어 공부 외에 어떤 것들이 필요할까요?

고객: 관련 직무 경험을 더 쌓아야 하고, 취업 정보를 찾고, 이력서나 인터뷰 준비도 해야겠네요. 그렇게 보니까 영어 공부만이 전부는 아니네요.

이처럼 '영어 공부'는 목표를 이루기 위한 대안이고, 진짜 목표는 '취업'이었다. 그래서 코칭에서 고객이 처음 제시하는 이야기가 목표인지, 대안인지 구분해보는 과정이 꼭 필요하다. 또 다른 예시를 보자. 이번에는 '달리기'라는 것이 목표처럼 보였지만, 그 이면에는 다른 목표가 숨어 있다.

고객: 앞으로 일주일 동안 매일 5~6km씩 달려보려고 합니다. 달리기를 하면 머릿속이 맑아지고 아무 생각도 안 나서 기분이 좋아지더라고요.

코치: 달리기를 하면 기분이 좋아지시는 군요.

고객: 음... 사실 요즘 회사에서 스트레스를 많이 받고 있어요. 업무도 많고, 팀 분위기도 예전 같지 않아서 머릿속이 복잡합니다. 달릴 때만큼은 그런 생각에서 벗어날 수 있어서 좋아요.

코치: 그렇군요. 그렇다면 '달리기하는 것'과 '스트레스를 줄이는 것' 중에서 오늘은 어떤 이야기를 나눠보면 좋을까요? (목표와 대안 구분하기)

고객: 생각해보니 달리기보다는 스트레스 관리가 진짜 나누고 싶은 것 같아요.

코치: 그렇다면 어떤 상황에서 스트레스를 가장 많이 느끼시나요?

고객: 주로 마감 기한이 다가올 때나 상사의 기대에 맞추려 할 때 압박감을 많이 느껴요. 그리고 동료들과의 관계에서도 가끔 스트레스를 받죠.

코치: 그러면 스트레스를 줄이기 위해 지금 바로 실천할 수 있는 방법에는 달리기 외에 어떤 것이 있을까요?

고객: 음... 달리기 외에도 퇴근 후에 책을 읽거나 음악을 듣는 것도 도움이 될 것 같아요. 또, 업무 중에는 짧은 휴식을 자주 가져보면 더 집중이 잘 될 것 같네요.

코치: 그렇다면 앞으로 스트레스를 더 효과적으로 관리하기 위해 어떤 것을 실천해보고 싶으신가요?

고객: 우선 일주일 동안 매일 5km씩 달리면서 머리를 비우고, 퇴근 후에는 하루에 30분 정도 책을 읽거나 음악을 들으며 마음을 진정시켜보려고 합니다. 업무 중에는 1시간마다 10분씩 휴식을 취해서 집중력을

유지해보겠습니다.

코치: 구체적이네요. 마지막으로, 오늘 코칭을 통해 새롭게 알게 된 점이 있다면 어떤 걸까요?

고객: 처음에는 단순히 달리기를 더 열심히 하겠다고 생각했는데, 사실은 스트레스를 관리하고 싶었다는 걸 깨달았어요. 이제는 달리기뿐 아니라 다양한 방법으로 스트레스를 덜어낼 수 있을 것 같아요.

처음 목표는 '달리기'처럼 보였지만 대화를 통해 드러난 진짜 목표는 '스트레스를 줄이는 것'이었다. 이처럼 코칭의 핵심은 고객이 처음 이야기한 이슈 뒤에 숨어 있는 진짜 '목표'를 발견해야 한다. 목표와 대안을 명확히 구분하고 나면 고객은 자신이 진짜로 원하는 방향을 설정하고 실행에 집중할 수 있다. 이처럼 목표 설정은 단순한 시작이 아니라 코칭에서 가장 본질적인 출발점이 된다.

3. 욕구와 감정 다루기

상대의 욕구와 감정을 이해하고 공감적으로 접근하는 것이 효과적인 코칭 대화 방법이다.

▍딜레마를 푸는 두 마음 대화

딜레마를 코칭 한다는 것은 단순히 겉으로 드러난 문제를 해결하는 것이 아니다. 내면에서 충돌하는 욕구들을 이해하고 그것을 조율해 나가는 탐색 과정이다. 그러다 보면 자연스럽게 딜레마를 마주하게 된다. 딜레마란 둘 중 하나를 선택하기 어려워 고민에 빠지는 상태이다. 예를 들어 집을 깨끗이 청소하고 싶지만 막상 하려니 귀찮을 때, 학교 성적을 잘 받고 싶으면서도 동시에 놀고 싶을 때, 혹은 사람들과 잘 지내고 싶지만 막상 만나는 것이 번거롭고 피곤하게 느껴지는 때가 있다. 이처럼 마음속에서 서로 다른 욕구가 충돌할 때, 우리는 딜레마에 빠지게 된다.

이럴 때 도움이 되는 접근이 바로 '두 마음 대화'다. 내 안에 존재하는 서로 다른 마음에 이름을 붙이고, 그 둘이 대화를 나누도록 돕는 방식이다. 예를 들어 "청소는 귀찮아"라고 말하는 마음과 "깨끗한 집에서 살고 싶어"라는 마음을 구분해보고, 각각의 이야기를 들어주는 것이다. 이 방법을 통해 서로의 입장을 충분히 표현하게 되면, 그 안에 숨겨져 있던 진짜 원하는 것이 드러난다. 두 마음 모두 나름의 이유가 있고, 그 안에는 나를 위한 중요한 메시지가 숨어 있다. 코칭은 바로 이 메시지를 발견하고 욕구들 사이에서 균형을 찾도록 돕는 과정이다.

코치: 말씀하신 상황을 보면, 책을 안 쓰자니 후회가 되고, 쓰자니 또 다른 후회가 있을 것 같네요. 두 마음이 공존하는 것 같아요. '쓰고 싶은 마음'과 '안 쓰고 싶은 마음'이요.

고객: 네, 맞아요.

코치: 안 쓰고 싶은 마음에 이름을 붙인다면 뭐라고 할 수 있을까요?

고객: '투덜이'요.

코치: 왜 '투덜이'라고 지었나요?

고객: 자꾸 투덜거리거든요.

코치: 그럼 쓰고 싶은 마음은요?

고객: '소망이'요.

코치: 소망이라고 붙인 이유는요?

고객: 책을 쓰고 싶은 마음이니까요.

코치: 소망이는 고객님께 뭐라고 말하나요?

고객: '네가 강사로 산 지 17년, 코치로 산 지 15년이 됐는데, 이제는 너의 족적을 남길 때야. 언제까지 회사 운영만 할 거야? 너만의 브랜드 가치를 생각해야지. 남들 다 쓰는데, 너는 뭐 하고 있었니?' 이렇게 말할 것 같아요.

코치: 다정하면서도 독촉하는 말이네요. 그 얘기를 들은 투덜이는 뭐라고 하나요?

고객: '책 써서 뭐 하려고? 다들 하니까 너도 하고 싶은 거잖아. 근데 안 팔릴 수도 있어. 그러면 네 실력이 없다는 걸 드러내는 거야. 굳이 왜 그래?'

코치: 지금은 소망이와 투덜이 중 누구와 대화를 더 자주 나누는 것 같아요?

고객: 요즘엔 반반이에요. 기분이 좋으면 소망이랑 얘기하고, 피곤하거나 의욕이 없을 땐 투덜이가 더 커요.

코치: 롤러코스터처럼 왔다 갔다 하는 느낌이네요. 그럼 잠시 제3자의 입장에서 두 마음이 대화하도록 해볼께요. 소망이가 먼저 투덜이에게 말한다면 뭐라고 할까요?

고객: '어차피 후회할 거면, 해보고 후회하는 게 낫지 않아?'

코치: 투덜이는 뭐라고 대답할까요?

고객: '해보고 후회하는 것만큼 바보 같은 일도 없어. 안 하면 시간, 에너지, 돈을 아낄 수 있는데, 왜 굳이 스트레스까지 받으면서 해?'

코치: 투덜이도 꽤 설득력이 있네요. 그 얘기를 들은 소망이는요?

고객: '그래도 우리가 지금까지 해왔던 걸 돌아보면, 안 했던 것보단 해

봤던 게 더 값졌잖아. 그리고 막상 해보면 생각만큼 나쁘지 않았던 적도 많았고.'

코치: 투덜이는 그 말에 뭐라고 하죠?

고객: '넌 좋은 기억만 하네? 실패했던 일도 많았고, 그때 들어간 비용, 시간, 후회도 기억 안 나?'

코치: 현실적인 포인트를 잘 짚네요. 소망이는 뭐라 할까요?

고객: '그래도 돈과 시간보다 더 중요한 것도 있어.'

코치: 투덜이는요?

고객: '넌 평소에 비즈니스에서 자원관리가 얼마나 중요하다고 말했잖아. 지금은 왜 말이 바뀌어?'

코치: 투덜이가 고객님의 현실을 꽤 잘 알고 있는 것 같아요. 이 대화를 지켜보는 입장에서, 소망이와 투덜이에게 해주고 싶은 말이 있다면요?

고객: 소망이한테는 '조금 더 현실적으로 생각하자. 모든 게 가능하다고 믿기보단 여건을 살펴보자'고 말해주고 싶고, 투덜이에게는 '너의 현실적인 조언은 필요하지만, 지금까지 여기까지 온 건 소망이 덕분이기도 해. 그 점은 인정해줘야 해'라고 말하고 싶어요.

코치: 결국 소망이는 앞으로 나아가게 해주는 역할을, 투덜이는 현실을 점검하게 해주는 역할을 하고 있네요. 지금 이 대화를 나누고 나서, 책을 쓰고 싶은 마음은 어떤가요?

고객: 목적이 더 분명해진 것 같아요.

코치: 어떤 목적이요?

고객: 제 브랜드 가치를 높이고 싶어요.

이 대화를 마친 후, 고객은 다음과 같은 피드백을 남겼다.

> "두 마음 대화를 나눌 때, 저는 중립적인 위치에 서 있는 것 같았어요. 마음속 이야기를 들었을 때와 그렇지 않았을 때의 느낌 차이가 컸습니다. 그 대화를 들으면서 관점이 달라졌고, 마치 권투 링 위에서 싸우는 두 사람 사이에서 심판처럼 중심을 잡고 있는 느낌이 들었어요. 그러다 보니 제가 처한 상황을 조금 더 객관적으로 바라볼 수 있게 되었고, 마음의 소리를 더 깊이 이해할 수 있는 계기가 되었어요."

'두 마음 대화'는 내 안에 있는 서로 다른 목소리에 이름을 붙이고, 그 목소리들이 서로 대화를 나누도록 하는 방법이다. 겉보기에는 단순한 역할극처럼 보일 수 있지만 실제로는 마음속 깊은 곳에 있는 감정과 생각을 드러내는 효과적인 방법이다. 각각의 마음이 어떤 생각과 입장을 가지고 있는지 충분히 들어줄 때 우리는 그 안에서 진짜 하고 싶었던 말과 진심으로 바라는 것을 발견하게 된다. 이 과정은 단순히 문제를 해결하는 것을 넘어 나 자신과 더 깊이 연결되는 소중한 경험이 된다.

감정 눈높이를 맞추기

마샤 레이놀즈(Marcia Reynolds) 박사는 코칭 분야의 선구자로, 국제코칭연맹(International Coaching Federation)의 다섯 번째 회장을 지낸 인물이다. 그녀는 코치가 고객을 만나기 전에 자신이 느끼고 싶은 감정을 의식적으로 선택해야 한다고 강조한다. 이를 위해 코치는 고객의 감정에 맞추어 몸 상태를 의도적으로 조절하고, 자신이 선택한 감정으로 마음을 채우는 준비가 필요하다. 그런 다음 고객의 상황을 머릿속으로 그려보면 고객의 감정을 더 깊이 이해할 수 있게 된다. 예를 들어 차분함, 따뜻함, 호기심 같은 감정을 선택하고, 이를 바탕으로 몸의 긴장을 풀고 마음을 채우는 것이다. 이것이 바로 감정에 눈높이를 맞추는 방법이다.

사람들은 힘들고 어려운 상황에서 누군가에게 하소연하는 것만으로도 마음이 한결 가벼워질 수 있다. 문제 자체가 해결된 것은 아니더라도 마음속에 쌓여 있던 감정이 해소되면서 새로운 에너지가 생기기 때문이다. 어떤 감정은 구체적인 해결책이 필요하지만, 때로는 단지 '들어주는 것'만으로도 충분히 해소된다. 감정을 유발한 원인에 대해 실질적인 해결을 요구할 때는 감정과 상황을 분석하는 것이 필요하다. 반면 감정 자체에 대한 위로가 필요하다면 그 감정을 충분히 알아주는 것이 핵심이다.

코칭에서는 이처럼 두 가지 방식의 대화가 사용된다. 하나는 감정을 해결하는 '해결 대화', 다른 하나는 감정을 알아주는 '공감 대화'다. 해결 대화는 감정을 분석하고 해결책을 찾는 데 초점을 둔다. 반면 공감 대화는 감정을 수용하고 표현하도록 돕는 데 집중한다. 예를 들어 아래와 같이 두 가지 방식으로 접근할 수 있다.

고객: 요즘 너무 힘들어요. 업무가 너무 많고 스트레스도 심해요.
코치: 구체적으로 어떤 부분이 가장 힘들고 스트레스를 주나요? (상황과 감정 분석 - 해결 대화)

고객: 요즘 너무 힘들어요. 업무가 너무 많고 스트레스도 심해요.
코치: 정말 힘든 상황이네요. 부담이 크시겠어요. (감정을 알아주기 - 공감 대화)

해결 대화는 고객이 자신의 상황을 객관적으로 바라보고 해결 가능한 방향을 찾도록 돕는다. 반면 공감 대화는 고객이 마음을 열고 정서적으로 안정감을 회복하도록 한다. 특히 공감 대화에서는 질문보다는 감정을 따라가는 자연스러운 대화가 더 효과적이다. 코칭은 이처럼 공감과 해결의 대화가 유기적으로 연결되면서 진행된다. 감정이 격해진 고객에게는 어떨 때는 이성적인 정리가 도움이 되기도 하고, 반대로 지나치게 분석적인 고객에게는 숨겨진 자신의 감정을 인지하는 순간 새로운 통찰이 생기기도 한다.

화가 빈센트 반 고흐(Vincent Willem van Gogh)는 "작은 감정이 우리 삶의 선장이며, 우리가 모르는 사이에 이것들을 따르고 있다는 것을 잊지 말자"고 했다. 감정의 선장이 향하는 방향에 따라 코칭의 경로가 달라진다. 코치는 이 감정의 흐름을 이해하고, 그에 맞는 대화 방식으로 고객과 함께 여정을 이어가야 한다.

정서적 공감과 인지적 공감

슬픔을 경험하지 않으면 타인의 슬픔에 공감하기 어렵다. 감정은 직접 느끼고 겪어야 제대로 이해할 수 있는 매우 주관적인 현상이다. 예를 들어 한국에는 '화병(火病)'이 있다. 이는 억울한 감정을 해소하지 못해 몸이 아프고 마음이 답답하며 잠을 잘 이루지 못하는 증상이다. 자신의 의견을 솔직히 표현하는 문화에서는 생소할 수 있지만, 한국 사람들은 이를 직간접적으로 경험한 경우가 많아 쉽게 공감한다. 에스키모인들은 '분노'라는 감정을 거의 느끼지 않으며, 태평양 타이티의 일부 섬 주민들에게는 '슬픔'이라는 감정 자체가 존재하지 않는다고 한다.[*]

이처럼 특정 감정을 학습하거나 경험하지 못하면, 그 감정을 아예 인지하지 못할 수 있다. 감정은 선천적인 것이 아니라 경험을 통해 배우는 것이다. 그리고 이 감정 경험을 통해 타인을 이해하고 공감하는 능력으로 확장된다.

또한 감정은 언어를 통해 조절할 수 있다. 긴장된 상황에서 "나는 불안하다"는 말을 반복하면 뇌는 그 감정을 더 크게 받아들인다. 반면 같은 상황에서도 "나는 집중하고 있다"고 표현하면 뇌는 동일한 신체 반응을 다른 감정으로 해석한다. 감정은 본능적 반응이 아니라 뇌가 신체

[*] 리사 펠드먼 배럿 『감정은 어떻게 만들어지는가?』

의 변화와 과거의 기억을 바탕으로 해석해 구성한 것이다.

이 관점에서 볼 때, 언어는 감정을 이해하고 조절하는 강력한 도구다. 신체 반응을 어떻게 해석하느냐에 따라 전혀 다른 감정으로 이어질 수 있기 때문이다. 우리는 언어를 통해 감정을 새롭게 구성할 수 있고 타인의 감정 상태에도 긍정적인 영향을 줄 수 있다.

예를 들어 친구가 중요한 발표를 앞두고 "너무 불안해"라고 말했을 때 단순히 "걱정하지 마"라고 말하기보다 "긴장된다는 건 네가 이 발표를 얼마나 중요하게 생각하는지를 보여주는 거야"라고 말해주면, 친구는 자신의 감정을 재해석할 수 있다. 갑자기 나타난 강아지로 아이가 놀라 울 때도 "울지마!"라고 말하면 감정이 더 커질 수 있지만, "갑자기 강아지가 달려와서 많이 놀랬구나"라고 말하면 빠르게 안정될 수 있다. 이처럼 공감 언어는 단순한 위로를 넘어서 상대가 자신의 감정을 새롭게 바라보고 긍정적으로 재구성할 수 있도록 돕는다. 공감은 단순히 감정을 받아들이는 데 그치지 않고, 감정에 의미를 더하고 새로운 방향으로 이끄는 힘이 있다.

공감은 크게 두 가지로 나눌 수 있다. 정서적 공감은 상대의 감정을 함께 느끼며 깊이 연결하는 것이다. 인지적 공감은 상대의 감정을 논리적으로 이해하고, 그 감정의 배경을 상대의 입장에서 해석해보는 것이나. 이 두 가시 공감은 석절히 소화롭게 사용하는 것이 중요하다.

정서적 공감과 인지적 공감은 서로를 보완하는 관계이다. 정서적 공감이 강한 사람은 상대의 감정을 깊이 느끼고 크게 공명할 수 있지만, 과도하게 몰입하게 되면 쉽게 지치거나 에너지가 고갈되기 쉽다. 반면 인지적 공감이 강한 사람은 상대의 입장을 논리적으로 이해하고 객관적으로 판단하는 데 강점을 가지지만, 때로는 차갑거나 거리감 있게 느껴질 수 있다.

	정서적 공감	인지적 공감
핵심 요소	감정을 직접 느끼는 것	감정을 이해하는 것
특징	감정적 연결, 직관적	논리적 이해, 사고 중심
장점	깊은 유대감 형성	객관적인 문제 해결 가능
단점	금치의 감정 소진 가능	금치의 공감이 차가워 보일 수도 있음

따라서 상황에 따라 이 두 가지 공감을 적절히 조율하고 균형을 맞추는 것이 중요하다. 좋은 리더는 구성원의 감정에 따뜻하게 공감하면서도(정서적 공감), 동시에 문제를 정확히 파악하고 해결책을 제시할 수 있는(인지적 공감) 사람이다. 예를 들어 부하 직원이 업무 스트레스로 힘들어할 때 "너무 힘들겠어"(정서적 공감)에서 그치지 않고, "처음 맡은 업무라서 예상보다 진도가 느릴 수도 있어. 어떤 부분이 가장 어렵게 느껴졌는지 같이 볼까?"(인지적 공감)라고 말하며 실질적인 대안을 함께 찾는 것이 더 효과적일 수 있다.

이 고객은 자신의 한계를 넘어서 너무 많은 일을 동시에 처리하려 하다 보니 몸과 마음이 모두 지쳐 있는 상태이다. 객관적으로 보면 업무량이 지나치게 많은 것은 아니지만, 일의 흐름이 자꾸 끊기고 집중력이 떨어지면서 일이 쌓이고 있다는 압박감을 느끼고 있다. 퇴근 후에도 일의 여운이 계속 남아 있어 휴식이 온전한 회복으로 이어지지 않고 피로와 긴장이 누적되면서 악순환이 반복되고 있다.

고객: 요즘 너무 지쳐 있어요. 뭔가 열심히 하고 있는데도 일이 끝나지 않은 기분이 들고, 피로가 누적되는 느낌이에요.

코치: 많이 힘드셨겠어요. (정서적 공감) 일이 끝이 없고, 피로도 쌓이는 상황이군요. (인지적 공감) 지금 가장 힘든 점은 무엇인가요?

고객: 음… 몸도 피곤하고 집중도 잘 안 되고, 퇴근해도 일이 계속 남아 있는 것 같아요. 실제로 일이 엄청 많은 것도 아닌데 왜 이런지 모르겠어요.

코치: 일이 많지 않은데도 지치고 스트레스를 받는 점이 특히 답답하시겠어요. (인지적 + 정서적 공감)

고객: 맞아요. 몸이 무겁고 피곤한데도 잠을 자도 개운하지 않아요. 마음은 조급한데 집중은 잘 안 되고, 해야 할 일이 계속 밀리는 느낌이에요.

코치: 몸은 회복되지 않고, 해야 할 일은 계속 쌓이는 것처럼 느껴지네요. (인지적 공감) 지금 이 순간, 스스로에게 어떤 말을 해주고 싶으세요?

고객: 그냥… '괜찮아, 충분히 노력하고 있어'라고 말해주고 싶어요. 그런데 그렇게 생각하려 해도 자꾸 마음이 조급해져요.

코치: '괜찮아, 충분히 노력하고 있어.' 참 따뜻한 말이네요. (정서적 공감) 그런데도 조급한 마음이 계속 드는 이유는 무엇일까요?

이 대화에서는 감정이 복잡하게 얽혀 있었기 때문에 곧바로 해결책을 찾기보다는 고객의 감정에 충분히 공감하고 고객 스스로 자신의 상태를 인식하도록 돕는 데 집중했다. 이처럼 감정적으로 힘든 상황일수록 고객이 자신의 감정을 이해하고 받아들이는 과정이 먼저 이루어져야 한다. 그 과정을 통해 비로소 마음이 열리고 깊은 탐색이 가능해진다.

고객이 스스로 해답을 찾는 것이 코칭의 핵심이라는 점은 분명하다. 하지만 해답을 찾으려 애쓰기보다 지금 느끼는 감정을 충분히 느끼고 받아들이는 것이 때로는 깊은 이해로 이어진다. 정서적 공감과 인지적 공감을 균형 있게 활용할 때, 고객은 감정에 휘둘리지 않고 오히려 자신을 돌아보고 정리할 수 있는 내적인 힘을 회복하게 된다. 공감은 때로는 해답보다 더 강력한 해결책이 될 수 있다.

감정을 다루는 두 가지 방법

감정을 재구조화하는 방법에는 두 가지가 있다. 바로 '상징화'와 '긍정적 의도 이해하기'다.

첫 번째, 상징화는 지금 내가 느끼는 감정을 그림이나 이미지로 표현하거나 한 단어로 요약해보는 방식이다. 또 그 감정이 몸의 어디에서 느껴지는지도 살펴볼 수 있다. 예를 들어 "가슴이 답답하다", "상황이 난감하다."와 같은 표현을 통해 감정을 구체적으로 인식하면, 막연한 기분이 아니라 '의미를 가진 감정'으로 전환할 수 있다. 이 과정은 감정을 객관화하고 스스로를 관찰하는 힘을 키우는 데 도움이 된다.

두 번째는 감정의 긍정적 의도를 이해하는 것이다. 우리가 느끼는 감정은 단순히 불편함이나 기쁨을 넘어서 어떤 메시지를 담고 있다. 예를 들어 '분노'는 내가 중요하게 여기는 가치를 침해당했음을 알리는 경고일 수 있다. 지금 이 감정이 나에게 무엇을 말해주려는지, 어떤 행동을 촉구하고 있는지 자문해보는 것이 중요하다. 감정을 그냥 참고 넘기거나 억누르는 대신, 그것을 이해하고 해석하는 능력을 키우면 감정은 통제 대상이 아니라 삶을 이끄는 나침반이 될 수 있다. 감정을 외면하지 않고 들여다보는 것이 자기이해와 성장을 위한 첫걸음이다.

30대 후반의 A씨는 친구와의 관계에서 반복적으로 서운함을 느끼고 있다. 친구가 약속을 자주 변경하거나 연락이 늦어질수록, 그녀의 감정적 반응도 점점 더 커지고 있다. 이럴 때 그녀가 느끼는 감정을 이미지로 표현해보거나 '서운함'이라는 단어를 더 세분화해 살펴보는 과정은 내면의 감정을 정리하는 데 도움이 된다. 동시에 이 감정이 무엇을 말해주려는지, 어떤 기대가 충족되지 않아서 서운함이 커지고 있는지를 탐색해보는 것도 감정을 이해하고 전환하는 데 중요한 열쇠가 된다.

코치: 지금 느끼는 감정을 한마디로 표현하면 어떤 감정일까요? (감정의 상징화)

고객: 음… '서운함'이 가장 적절할 것 같아요.

코치: 그 서운함을 이미지로 표현한다면 어떤 모습일까요? (감정의 상

징화)

고객: 마치 초대받지 못한 사람처럼 구석에 혼자 서 있는 느낌이 들어요.

코치: 그 감정이 몸의 어디에서 느껴지나요? (감정의 상징화)

고객: 가슴이 답답하고, 약간 울컥하는 느낌이에요.

코치: 그 감정이 고객님께 어떤 메시지를 주려고 하는 걸까요? (감정의 긍정적 의도)

고객: 음… 아마도 '나는 소중한 사람이고 싶어'라는 신호일 수도 있겠네요.

코치: 그렇다면 이 감정의 메시지를 긍정적으로 활용할 방법은 무엇이 있을까요? (감정의 긍정적 의도)

고객: 친구에게 솔직하게 '네가 나에게 관심이 없는 것 같아 보여서 서운해'라고 말하는 대신, '나는 네가 바쁘다는 걸 알지만, 나를 신경 써 준다는 느낌이 들면 좋겠어'라고 말하면 더 좋을 것 같아요.

이처럼 자신의 감정을 단순한 반응으로 여기지 않고, 그 속에 담긴 메시지를 이해하려는 태도가 중요하다. 감정은 불쑥 끼어드는 불편한 손님이 아니라 지금 내 삶에서 무엇이 중요한지를 알려주는 신호일 수 있다. 감정을 상징화하면 막연했던 내면의 상태를 구체적으로 인식할 수 있고, 감정의 긍정적 의도를 이해하면 감정에 휘둘리지 않고 상황을 주도적으로 바라보며 대응할 수 있는 힘이 생긴다.

공감 능력을 높이는 감정 단어

누군가 "오늘 기분이 좀 그래"라고 말했을 때, 그 감정을 정확히 이해하려면 다양한 감정 단어에 익숙해져 있어야 한다. 단순히 "기분이 안 좋구나"라고 넘기는 것과, "혹시 답답한 거야?", "서운한 느낌이 들어?", "무기력한 기분이야?"처럼 구체적으로 물어보는 것 사이에는 분명한 차이가 있다. 예를 들어 친구가 시험을 망쳤다고 했을 때 "속상하겠다"는 말보다는 "실망도 되고, 스스로에게 화가 나기도 해?"라고 물으면 더 깊은 공감이 가능하다. 또 아이가 아끼던 장난감이 망가져 울고 있을 때 "속상하지?"보다는 "그 장난감 정말 아끼고 좋아했는데, 그래서 더 아쉽고 속상하겠다."라고 말하면 아이도 자신의 감정을 더 잘 이해하게 된다.

이처럼 감정을 세분화해 표현할수록 상대방의 내면에 더 깊이 다가갈 수 있고, 더 따뜻하고 진정성 있는 관계를 만들어갈 수 있다. 상대를 공감하려면 먼저 감정 단어를 아는 것이 필요하다. 감정을 섬세하게 읽고 반응하는 힘은 결국 언어에서 시작된다.

1. 부정적인 감정 (불안, 분노, 슬픔, 곤란함)

   걱정스럽다, 두렵다, 무섭다, 불안하다, 긴장되다, 떨리다, 조급하다, 괘씸하다, 분하다, 불만스럽다, 불쾌하다, 못마땅하다, 약 오르다, 얄밉다, 어이없다, 억울하다, 짜증스럽다, 화나다, 괴롭다, 마음이 아프다, 막막하다, 서럽다, 서운하다, 섭섭하다, 속상하다, 슬프다, 실망스럽다, 아쉽다, 외롭다, 우울하다, 원망스럽다, 원통하다, 허무하다, 허전하다, 곤란하다, 난처하다, 답답하다, 무안하다, 불편하다, 어색하다, 혼란스럽다, 당황스럽다

2. 자신에 대한 감정 (부끄러움, 후회, 연민)

   창피하다, 미안하다, 민망하다, 부끄럽다, 후회스럽다, 안타깝다, 가엾다, 불쌍하다, 애처롭다, 측은하다

3. 긍정적인 감정 (기쁨, 설렘, 행복)

   기쁘다, 감사하다, 고맙다, 다행스럽다, 만족스럽다, 뿌듯하다, 믿음직스럽다, 흐뭇하다, 흡족하다, 설레다, 반갑다, 벅차다, 부럽다, 샘나다, 사랑스럽다, 상쾌하다, 시원하다, 신나다, 유쾌하다, 자랑스럽다, 재미있다, 즐겁다, 짜릿하다, 통쾌하다, 행복하다

4. 안정과 평온함 (안정, 감동)

   안심되다, 든든하다, 홀가분하다, 후련하다, 간절하다, 감격스럽다, 흥분되다

감정 단어를 익히는 것은 마치 외국어를 배우는 것과 같다. 단어를 알아야 상황에 맞게 자유롭게 활용할 수 있기 때문이다. 다양한 감정 단어를 많이 알고 있을수록 상대의 감정을 더 정확히 이해할 수 있고, 공감의 깊이도 그만큼 깊어진다. 감정을 표현하는 단어가 풍부해질수록 관계의 질도 함께 깊어진다. 공감은 단순한 기술이 아니라 언어를 통해 마음을 연결하는 섬세한 표현이다. 이 섬세함이 바로 사람 사이의 마음의 거리를 좁히게 만든다.

4. 사고방식과 자기 인식의 전환

사고방식을 유연하게 전환하고 자기 인식을 새롭게 함으로써 변화를 만든다.

▌기질은 출발점, 인격은 목적지

사람은 태어날 때부터 마음속에 하나의 밑그림을 가지고 태어난다. 심리학자 칼 융은 이를 '기질'이라고 불렀다. 마치 도화지에 연하게 새겨진 무늬처럼 기질은 타고나는 고유한 성향이다. 우리가 그림을 그릴 때 밑그림에 따라 색을 채우듯, 사람도 자신의 기질에 따라 삶을 그려 나간다. 그래서 기질은 쉽게 바뀌지 않는다.

심리학에서 말하는 기질은 선천적인 특징을 의미한다. 예를 들어 내향적·외향적 성향, 자극을 추구하거나 위험을 회피하는 경향 등이 여기에 해당된다. 누군가를 보고 "그 사람은 참 사교적이야"라고 말할 때, 우리는 그가 외향적 기질임을 짐작할 수 있다. 반면 '사회적 외향'이라는 개념도 있다. 이는 본래 내향적인 사람이 사회적 역할에 맞춰 외향적으로 행동하는 경우를 말한다. 이처럼 기질은 환경의 영향을 받을 수 있지만 근본 성향은 쉽게 바뀌지 않는다.

반면 인격은 다르다. 인격은 한 사람의 태도, 성숙도, 행동 방식까지 포함하는 개념이다. "그 사람은 정직해", "항상 친절해", "마음이 넓어" 같은 표현은 기질이 아닌 인격을 나타낸다. 인격은 후천적인 영향을 통해 변할 수 있다. 자라온 환경, 삶의 경험, 내면화된 신념에 따라 인격은 얼마든지 달라질 수 있다.

즉, 기질만으로 한 사람이 어떤 모습으로 성장할지 예측하는 것은 어렵다. 같은 기질을 가진 사람이라도 어떤 환경에서 어떤 경험을 하느냐에 따라 전혀 다른 인격을 형성할 수 있기 때문이다. 칼 융 역시 진정한 변화는 다양한 경험 속에서 자기 자신과 대면하고, 그 과정을 통합해 가는 데서 비롯된다고 보았다.

어떤 삶을 살아가게 될지는, 타고난 기질보다 길러진 태도에 달려 있다. 인간은 주어진 성향에 머무르지 않는다. 어떤 경험을 선택하고 삶을 대하는 태도에 따라 충분히 변화할 수 있다. 코칭의 목적은 고객의 기질을 바꾸는 데 있지 않다. 오히려 주어진 기질을 바탕으로 사회적 역할에 맞는 태도와 행동을 스스로 개발하고 실제 삶에서 실천해 나가도록 돕는 것이 핵심이다.

관계의 본질: '나와 너'의 시선

철학자 마틴 부버는 인간 관계를 두 가지 방식으로 설명했다. 하나는 '나와 너(I-Thou)'의 관계, 다른 하나는 '나와 그것(I-It)'의 관계다.

'나와 너'의 관계는 상대를 하나의 인격체로 존중하며 진심을 담아 소통하는 방식이다. 이때 상대는 어떤 목적을 위한 수단이 아니라, 그 자체로 소중한 존재로 받아들여진다. 반면 '나와 그것'의 관계는 상대를 정보의 대상이거나 나의 필요를 채우기 위한 도구처럼 바라보는 관점이다. 이 두 가지 관계는 겉보기에 사소해 보여도, 우리의 태도와 감정에 깊은 영향을 준다.

한 번은 제주도로 출장을 가던 날이었다. 새벽부터 바삐 움직인 탓에 온몸이 피곤했고 어깨에는 긴장이 잔뜩 들어가 있었다. 공항 보안 검색대를 통과하고 비행기를 타기 위해 줄을 서 있던 그때였다. 게이트로 연결된 좁은 통로 앞에서 한 엄마가 아이 둘과 함께 사진을 찍느라 길을 막고 있었다. 순간 '여긴 통로인데, 왜 저렇게 길을 막고 있지? 참 예의 없네'라는 생각과 함께 짜증이 올라왔다. 그때 문득, 나는 그들을 '나와 그것'으로 보고 있다는 사실을 자각했다. 상대의 감정이나 사정은 전혀 고려하지 않고 오직 내 불편만 중심에 두고 판단하고 있었던 것이다.

생각을 멈추고 잠시 심호흡을 하였다. 그리고 고개를 들어 그들을 다시 바라보았다. 아이들의 해맑은 표정과 여행의 추억을 남기고 싶어 하는 엄마의 마음이 함께 느껴졌다. 관점을 바꾼 순간, 짜증은 자연스럽게 사라지기 시작했다. 나는 '나와 너'의 관계로 그들을 다시 바라보게 된 것이다. 관점이 바뀌자 나의 표정도 바뀌었고 엄마와 아이들을 향해 어느새 미소가 지어졌다. 생각 하나가 바뀌었을 뿐인데 피곤하고 예민했던 마음이 한결 부드럽고 따뜻해졌다.

상대를 '너'로 본다는 것은 그의 입장에서 상황과 감정을 이해하려는 태도다. 영국 속담에 "상대를 진정으로 이해하려면 그 사람의 신발을 신고 1마일(1.6km)은 걸어봐야 한다"는 말이 있다. 상대의 관점에서 바라보는 노력이 있어야 진정한 이해와 공감이 가능하다는 말이다.

이처럼 '나와 너'의 관계는 타인을 있는 그대로 받아들이고 존중하는 경험을 가능하게 한다. 반면, '나와 그것'의 관계는 상대를 단지 수단으로 인식하게 만들어 관계를 소외시킨다. 마틴 부버는 "인간은 관계 속에서 자아를 찾는다"고 말했다. 진정한 만남과 이해는 '나와 너'의 관계에서 시작되며, 그러한 만남이 쌓일수록 우리는 더 인간다운 삶을 살아가게 된다.

▎얼음이 녹듯 생각도 녹아야 변화한다

네모난 얼음이 있다. 이 얼음을 삼각형으로 바꾸려면 어떻게 해야 할까? 가장 먼저 해야 할 일은 얼음을 녹여서 물로 만드는 것이다. 그런 다음 삼각형 틀에 물을 붓고 다시 얼리면 된다. 이 과정이 바로 레빈(Kurt Lewin)의 계획적 변화 모델이다. 그는 변화를 '해빙 → 이동 → 재동결'의 세 단계로 설명했다.

첫 번째 단계인 해빙(Unfreezing)은 변화를 위한 준비 과정이다. 익숙했던 습관이나 태도를 잠시 내려놓고 새로운 것을 받아들일 준비를 하는 시기다. 이때 가장 중요한 것은 '지금 이대로 괜찮은가?'라는 질문을 던지는 것이다. 내가 변화해야 한다는 사실을 받아들이고, 이를 위해 어떤 생각이나 행동을 바꿔야 할지 고민하는 단계다. 해빙은 마음을 열어 저항감을 줄이고 변화의 필요성과 목표를 분명히 인식하는 과정이다.

두 번째 단계는 이동(Moving)이다. 이것은 변화가 실제로 일어나는 시기다. 새로운 행동을 시도하고 기존의 사고방식을 점차 조정하며 삶의 우선순위도 새롭게 구성하게 된다. 이 단계의 핵심은 '실천'이다. 마음먹은 것을 실행으로 옮기며, 삶 속에 새로운 습관과 사고방식을 형성해 나가게 된다.

마지막 단계는 재동결(Refreezing)이다. 변화가 일시적인 시도로 끝나지 않기 위해서는 새로운 습관이 생활 속에 안정적으로 정착돼야 한다. 새로운 행동이 자연스러운 습관으로 자리 잡고, 새로운 기준이 생활의 일부가 되는 것이다. 이때는 변화된 방식을 지지해줄 수 있는 환경과 제도가 필요하다. 동시에 고객 스스로도 변화된 자신을 꾸준히 점검하고 유지하려는 노력이 요구된다.

이 세 가지 변화 단계는 코칭에도 그대로 적용된다. 첫 세션에서는 해빙에 집중해 고객이 현재 상황을 성찰하고 변화의 필요성을 인식하도록 돕는다. 이어지는 이동 단계에서는 고객이 목표를 설정하고 실행 계획을 수립하며 스스로 변화의 흐름을 만들어간다. 이때 단순한 행동만이 아니라 생각의 우선순위도 함께 바뀌어야 한다. 마지막 재동결 단계에서는 새로운 습관이 고객의 삶에 뿌리내릴 수 있도록 환경과 시스템을 함께 설계해나간다. 지속 가능한 변화란 단순히 행동이 바뀌는 것이 아니다. 사고방식과 환경까지 함께 바뀔 때 비로소 변화는 삶의 일부가 된다.

▌내 강점이 때론 문제의 원인이 될 수 있다

어느 지인의 이야기다. 특별히 아픈 곳은 없었지만 몸 상태가 계속 좋지 않아 병원을 찾았다. 그러나 검사 결과는 아무 이상이 없었다. 원인도 알 수 없고 몸 상태도 나아지지 않자, 결국 그는 친한 한의사를 찾아갔다. 한의사는 "지금부터 평소에 자주 먹는 음식 다섯 가지를 순서대로 적어봐요." 라고 말했다.

지인은 잠시 생각한 뒤 '삼겹살, 빵, 라면, 치킨, 맥주'라고 적었다. 한의사는 그 리스트를 보고 "앞으로 한 달 동안 이 다섯 가지 음식은 먹지 말고 건강한 음식으로 식단을 바꿔보세요."라고 조언했다. 지인은 자신이 즐겨 먹던 음식을 끊고 채소, 과일, 통곡물 등 건강한 식단으로 바꾸었다. 한 달이 지나자 몸이 훨씬 가벼워졌고 컨디션도 눈에 띄게 좋아졌다. 문제는 결국 평소의 식습관이었다. 자신이 좋아하는 음식만 반복해서 먹고 있었다는 사실을 그제야 깨달은 것이다. 문제가 생겼다면 그것은 내가 익숙한 것을 너무 당연하게 여긴 결과일 수 있다.

'분석력'이 뛰어난 한 팀장이 있었다. 그는 업무를 꼼꼼하게 처리했고 팀원들에게도 같은 수준의 분석력과 정확함을 기대했다. 이 강점은 성과에는 도움이 되었지만 팀원들과의 관계에서는 갈등을 일으킨 원인이 되었다. 그는 점점 더 많은 데이터를 요구했고 은연중에 팀원들이 자신의 방식대로 일하기를 바랬다. 결국 팀원들은 위축되었고 팀장 역시 관계의 어려움을 느끼게 되었다. 이 팀장은 코칭을 통해 자신의 강점인 '분석력'이 오히려 문제의 원인이 될 수 있다는 사실을 인식하게 되었다. 그는 자신의 만족이 아니라 팀원의 성장과 협업에 도움이 되는 방향으로 강점을 조절해야 한다는 결론에 이르렀다. 즉, 팀원의 수준과 업무 여건에 맞춰 분석의 깊이를 조정하는 '적절한 분석력'이 필요했던 것이다.

또 다른 팀장은 자신의 강점이 '긍정적 사고'라고 믿었다. 하지만 이 긍정이 팀원들을 힘들게 하고 있었다는 사실을 나중에야 깨달았다. 그는 문제가 생겨도 "잘 될 수 있다"고 믿으며 스스로 모든 일을 감당했다. 이러한 팀장의 태도는 상사에게 인정받았지만 팀원들에게는 '과도한 업무 전가'로 이어졌다. 팀장의 긍정적 사고로 팀원들의 야근은 늘어나고 워라밸은 무너졌다.

논리적인 사고가 강점인 한 임원이 있다. 그는 임원으로 승진하면서 논리만으로는 역할 수행에 어려움이 생겼다. 임원이 되면 직관적인 판단과 논리의 균형이 필요하다. 논리는 과거를 설명하는 데 유용하지만 미래를 이끄는 데는 직관이 중요하다. 만약 누군가 당신에게 기존과 다른 방식을 요구한다면, 그것은 지금 당신의 강점을 되돌아보라는 신호일 수 있다. 몸이나 마음에 문제가 생겼다면 외부의 원인만 찾기보다 반복되는 자신의 패턴과 익숙한 강점부터 점검해보자. 강점은 강점일 뿐 언제나 옳은 정답은 아니다.

▎갈등을 풀어내는 DIKW

과거 TV 뉴스에서 바바리맨이 붙잡힌 사건이 보도된 적이 있었다. 당시 기자가 왜 그런 행동을 했느냐고 묻자, 그는 "여학생들이 좋아해서 그렇게 했어요"라고 답했다. 그는 왜 이처럼 왜곡된 인식과 잘못된 행동을 하게 되었던 걸까?

합리적인 결정을 내리기 위해서는 데이터를 어떻게 해석하고 활용할 것인지에 대한 이해가 필요하다. 이를 설명하는 대표적인 모델이 DIKW이다. 이것은 러셀 액코프(Russell L. Ackoff)가 1989년 논문에서 체계적으로 소개하며 널리 알려지게 된 개념적 모델이다. DIKW는 각각 데이터(Data), 정보(Information), 지식(Knowledge), 지혜(Wisdom)라는 네 단계를 통해 데이터가 어떻게 단계적으로 더 높은 가치와 의미를 가진 형태로 바뀌는지를 보여준다.

첫 번째 단계인 데이터는 관찰된 사실이나 숫자이다. 예를 들어 'A마트의 볼펜은 1,000원이고, B마트의 볼펜은 1,200원이다'라는 수치는 데이터에 해당한다. 두 번째 단계인 정보는 데이터를 비교하거나 맥락을 부여해 의미를 만드는 것이다. 'A마트의 볼펜이 B마트보다 200원 싸다'는 식으로 데이터 사이의 관계를 파악해 유의미한 정보를 도출하는 과정이다. 세 번째 단계인 지식은 정보를 바탕으로 판단을 내리는 단계다. 예컨대 '볼펜은 A마트에서 사는 게 더 경제적이다'라는 결론은 정보를 종합해 만들어진 판단이다. 마지막 단계인 지혜는 지식을 넘어서 더 넓은 관점과 원리를 바탕으로 판단하는 수준이다. 예를 들어 'A마트는 다른 제품들도 저렴할 수 있으니, 앞으로 계속 이곳을 이용하자'는 사고가 여기에 해당한다.

문제는 이렇게 쌓인 지식이나 지혜가 굳어지면 쉽게 바뀌지 않는다는 점이다. 서로 다른 경험과 관점을 가진 사람들끼리 충분한 대화 없이 결론을 내리면, 그것은 확신이 되고 곧 고정관념이 된다. 이런 상태에서는 협의와 조정에 더 많은 시간과 에너지가 필요하게 된다.

가족 간 여행 계획을 예로 들어보자. 남편은 '여행은 아침 일찍 출발해야 알차다'고 믿고, 아내는 '여행은 쉬는 것이니 여유롭게 출발해야 한다'고 생각한다면 갈등이 생기기 쉽다. 이는 경험을 통해 형성한 기준과 우선가치가 충돌하는 것이다. 남편은 '부지런함'을, 아내는 '휴식'을 여행의 본질로 여기고 있는 셈이다.

이럴 때 DIKW 모델을 활용하면 대화를 훨씬 유연하게 풀 수 있다. 먼저 정보 단계에서는 각자의 생각이 형성된 배경과 맥락을 충분히 나누고, 그 안에 담긴 감정과 기대를 이해하는 것이 중요하다. 예를 들어 남편에게는 여행을 알차게 보내고 싶은 기대가 있고, 아내에게는 일상에서 벗어나 느긋함을 누리고 싶은 바람이 담겨 있다. 이런 이해를 통해 서로의 입장을 바라보는 관점이 열리기 시작한다.

다음 지식 단계에서는 공유된 정보를 바탕으로 구체적인 실행 방안을 도출할 수 있다. 예를 들어 '첫날은 일찍 출발하고, 둘째 날은 늦잠을 자자'는 식의 절충안이 가능하다. 마지막 지혜 단계에서는 단순한 타협을 넘어서 '가족 모두가 편안하고 즐거운 시간을 보내는 것이 여행의 진짜 목적'이라는 더 큰 가치를 공유하게 되고, 계획 전체를 이 가치에 맞게 다시 조율할 수 있다.

갈등 상황에서 의미 있는 대화를 하려면 단순히 개인의 판단이나 입장을 내세우기보다는, 그 판단의 근거가 된 정보 수준에서부터 논의를 시작하는 것이 효과적이다. "나는 이렇게 생각해"라는 식의 주장에만 머물면 오해가 깊어질 수 있다. 대신, 왜 그런 생각을 하게 되었는지 그 맥락과 데이터를 나누는 것이 신뢰 형성과 상호 이해의 출발점이 된다. 물론 이 역시 신뢰와 관계의 토대가 부족하다면 쉬운 일은 아니다.

실제로 한 기업에서 최연소 임원이 된 인물이 있다. 그는 업무에서 늘 "왜?"라는 질문을 던졌고, 기존에 당연하게 여겨졌던 처리 방식도 의심하며 검토했다. 그는 업무를 그대로 받아들이지 않고, 그것이 데이터가 정보로 해석되는 과정을 철저히 점검했다. 이 습관은 불필요한 손실을 줄이고 오히려 새로운 기회를 포착하는 데 큰 도움이 되었고, 이것이 그의 빠른 임원 진급을 가능하게 한 핵심 역량 중 하나였을지도 모른다.

DIKW 모델은 단순한 정보 관리 도구를 넘어서 의사소통과 관계의 깊이를 확장시켜 주는 사고 프레임이다. 이 네 단계를 염두에 두고 접근하면 갈등을 줄이고 상호 이해를 높이며, 보다 효과적인 협의와 결정을 이끌어낼 수 있다. 코칭 현장에서도 고객의 인식 수준을 DIKW 프레임으로 점검하면 보다 구조적이고 의미 있는 피드백이 가능해진다.

5. 역할과 가치의 탐색

개인이 가진 역할과 가치를 명확히 탐색하여 자기다운 선택과 행동을 한다.

▍역할을 자각하면 의미가 달라진다

어린 자녀를 둔 한 가장이 다이어트를 두고 깊은 고민에 빠져 있었다. 몸무게가 100kg을 넘긴 그는 여러 차례 다이어트를 시도했지만 번번이 작심삼일로 끝나고 말았다. 그러던 어느 날, 그는 자신이 '아버지'라는 역할의 의미를 다시 떠올리게 되었다. 그 순간부터 생각의 우선순위가 달라졌다. 다이어트는 단순한 체중 감량이 아니라 자녀와 더 오래 건강하게 함께 있기 위한 것임을 자각하게 된 것이다.

고객: 다이어트를 하려는데 늘 결심만 하고 잘 실천하지 못하고 있습니다.

코치: 다이어트를 결심하게 된 건 어떤 역할 때문일까요? (역할 찾기)

고객: 음… 아빠로서의 역할 때문인 것 같아요. 아이들이 클 때까지 건강해야 하니까요.

코치: 그렇군요. 아빠로서의 역할은 고객님께 어떤 의미인가요? (역할의 의미)

고객: 아이들이 행복하게 세상을 살아가도록 도와주고 싶어요. 제가 건강하게 오래 살아야 아이들에게도 더 많은 걸 해줄 수 있으니까요.

코치: 다이어트가 단순히 체중을 줄이는 일이 아니라, 아이들이 행복한 세상을 살아가도록 돕고 싶은 고객님의 진심이 담긴 선택이군요.

고객: 맞아요. 이렇게 생각하니까 다이어트가 더 큰 의미로 다가오네요.

코치: 다이어트를 통해 구체적으로 무엇을 얻고 싶으신가요?

고객: 단순히 체중을 줄이는 게 아니라, 더 건강해져서 아이들과 함께 더 많은 시간을 즐겁게 보내고 싶어요.

코치: 멋지네요. 그러면 이를 위해 어떤 작은 실천부터 시작할 수 있을까요?

고객: 우선 매일 30분씩 운동을 하고 식사량도 조절해 보려고 합니다. 이번에는 아이들을 위해서라도 포기하지 않을 겁니다.

이 고객처럼 목표에 담긴 역할의 의미를 자각하는 순간, 새로운 의지가 생기고 행동이 변화하기 시작했다. 만약 다이어트를 단순히 체중 감량이라는 개인적인 목표로만 여겼다면 의지가 높지 않았을 것이다. 그러나 그 목표가 '자녀를 위한 아버지의 역할'과 연결되자 훨씬 강력한 동기가 생겨났다. 아이들과 함께 보내는 즐거운 시간을 원했고, 이것은 역할을 수행하며 얻고 싶은 의미있는 보상이었다.

여기서 놓치지 말아야 할 것은, 한 번의 큰 자각을 했다고 해서 변화가 저절로 지속되는 것은 아니라는 점이다. 변화는 의지적인 행동이 반복되어 습관으로 굳어지고 생활의 일부로 자리 잡아야 비로소 실제 변화로 이어진다. 결국 목표는 단순한 바람이나 소망에 그치지 않고 자신의 소중한 역할과 연결될 때 더 강력한 동기로 작용한다. 그리고 그 원하는 결과는 역할을 수행하는 과정 속에서 더욱 깊은 의미로 다가오게 된다.

역할 재정의를 통한 동기부여

컨설팅 업체에 근무하는 한 팀장은 난처한 상황에 놓여 있었다. 고객의 추가적인 요청을 받아들이자니 부담이 컸고, 거절하자니 신뢰가 무너질까 걱정되었다. 하지만 그 속에서 자신이 되고 싶은 역할 이미지에 대해 분명한 그림을 갖고 있었고, 그것을 다시 떠올리는 순간 에너지와 자신감이 생겼다.

팀장: 예전에 함께 일했던 컨설팅 파트너가 생각났어요. 그분은 고객 요청이 지나치다고 판단하면 바로 NO라고 말했는데, 저는 그렇게까지 하고 싶지는 않아요. 대신 고객이 믿고 의지하며 해결 방안을 제시하는

사람이 되고 싶어요.

코치: 그것이 고객님께 중요한 이유는 무엇인가요?

팀장: 그게 제가 생각하는 '신뢰로운 사람'의 모습이기 때문이에요. 단순히 할 수 없다고 거절하기보다는, 고객이 납득할 수 있는 해결책을 제시하면 더 많은 신뢰를 얻을 수 있죠. 저는 그런 사람으로 기억되고 싶어요.

코치: 지금 함께 일하는 직원들은 팀장님을 어떤 사람이라고 생각하나요?

팀장: 아마도 문제를 해결하려 노력하는 사람, 신뢰감을 주는 사람으로 보고 있을 것 같아요. 그런 모습을 보이면 동료들도 저를 더 믿고 함께 일할 때 든든하게 생각할 것 같습니다.

코치: '신뢰감을 주는 사람' 정말 멋진 모습이네요. 오늘 대화를 통해 정리된 생각이 있다면 무엇인가요?

팀장: 고객의 기대에 미치지 못해 좌절감을 느꼈지만, 오히려 그 상황이 제가 '신뢰로운 사람'이라는 정체성을 더 분명히 깨닫게 해준 것 같아요. 앞으로는 무리한 고객의 요구에 단순히 거절하기 보다는 해결책을 적극적으로 제시해서 고객과의 관계를 더 신뢰롭게 유지하고 싶습니다. 오늘 대화 덕분에 실행하려는 의지가 더 강해졌습니다.

이 팀장은 자신이 '신뢰로운 사람'이라는 자각을 통해 내적 동기를 얻었다. 그 순간, 실행에 대한 의지가 훨씬 분명해졌다. 그는 자신이 중요하게 여기는 역할 가치를 기준 삼아, 더 주도적이고 자신감 있는 태도를 취할 수 있었다. 결국 고객의 무리한 요구를 해결해 나가는 과정 속에서 자신의 역할을 다시 확인했고, 그 경험은 앞으로 더 깊이 있는 성장의 밑거름이 될 것이다.

역할 수행하기

　이분은 한 기업의 임원이다. 그는 자신의 신념인 '솔직함'을 지키면서도 조직이 기대하는 역할을 효과적으로 수행할 수 있는 방법을 찾고자 했다.

코치: 상무님께서는 본래 내향적이고 솔직한 분이신데, 다른 사람들 앞에서 일부러 웃어야 하는 상황이 부담스럽다고 느끼시는군요.
상무: 네, 저는 가식적으로 행동하는 걸 좋아하지 않아요. 그런데 조직 생활을 하다 보니 제가 억지로라도 웃어야 하는 순간이 자주 생기더라고요. 솔직히 불편합니다. 배우도 아닌데 왜 그래야 하나 싶은 거죠.
코치: 특히 어떤 상황에서 그런 생각이 더 강하게 드시나요?
상무: 공식적인 자리에서 사람들이 제게 기대하는 모습이 있죠. 부드럽게 웃고 분위기를 밝게 만드는 그런 모습이요. 저는 그게 솔직히 저답지 않다고 느껴질 때가 많습니다.
코치: 저답지 않다고 느끼실 때, 구체적으로 어떤 감정이 드시나요?
상무: 거부감이 듭니다. 속으로는 '왜 내가 이런 걸 해야 하지?' 하는 생

각이 들고요. 억지로 웃는다는 느낌이 들어 더 불편하죠. 저는 있는 그대로의 제 모습을 더 중요하게 생각하거든요.

코치: 그렇다면 지금 상무님께서 중요하게 생각하는 '솔직함'과 조직에서 기대하는 역할 사이에 갈등이 있는 거군요.

상무: 네, 맞아요. 제 본연의 모습과 조직에서 요구하는 모습이 자꾸 다르게 느껴져요. 저는 진정성 있게 행동하고 싶은데 역할에 맞추라는 압박을 자주 느낍니다.

코치: 만약 상무님께서 '솔직함'을 유지하면서도 조직에서 기대하는 역할을 자연스럽게 수행할 수 있는 방법이 있다면 어떨까요?

상무: 글쎄요… 그런 방법이 가능할까요?

코치: 상무님께서 억지로 웃어야 한다고 느끼는 상황에서, 본인의 솔직함을 지키며 역할도 잘 수행할 방법은 무엇이 있을까요?

상무: 음… 꼭 웃지 않아도 긍정적인 태도를 보일 수는 있겠죠. 예를 들어, 진심으로 상대의 말에 공감하거나, 적극적으로 경청하는 자세를 보이는 것도 방법일 수 있을 것 같습니다.

코치: 그렇다면 상무님은 '솔직함'을 지키면서도 조직이 기대하는 역할 사이에서 균형을 찾을 수 있겠네요.

상무: 네, 맞아요. 지금까지는 무조건 웃어야 한다고만 생각했는데, 이제 보니 제 방식대로도 충분히 분위기를 부드럽게 만들 수 있을 것 같아요.

이 코칭 대화는 '솔직함'이라는 개인의 신념과 조직 내 역할 사이의 갈등을 다루고 있다. 상무는 처음에는 조직의 기대에 자신을 억지로 맞춰야 한다고 느꼈지만 대화를 통해 솔직함을 유지하면서도 역할을 자연스럽게 수행할 수 있는 방법을 찾아냈다. 이는 단순히 행동을 바꾸는 것이 아니라 자기 인식을 확장함으로써 사고방식과 역할 사이의 균형점을 찾았다.

6. 대화의 기술과 적용

코칭을 위해 효과적 대화 기술을 바탕으로 구체적인 변화를 만든다.

새로운 소통의 파이프라인 만들기

대화는 서로를 연결하는 파이프라인 안에서 흐른다. 사람들은 자신이 익숙한 방식과 주제로 대화를 이어가려는 경향이 있다. 그래서 지금까지 어떤 파이프라인을 통해 대화를 나눠왔는지가 중요하다. 기존에 형성된 대화 패턴이 굳어져 있으면 새로운 대화 주제를 자연스럽게 연결하기가 쉽지 않다. 마치 오래전에 연결된 파이프에 새로운 관을 끼우려 할 때처럼 어색하고 낯설게 느껴지는 것이다.

어떤 팀장은 평소 직원들과 업무 지시나 잘못을 지적하는 대화만 해왔다. 그는 '칭찬은 특별한 일이 있을 때만 하는 것'이라는 고정관념을 가지고 있었다. 그런데 조직 차원에서 긍정 피드백을 장려하자, 그도 칭찬을 시도해보려 했지만 막상 입이 떨어지지 않았다. 그 이유는 명확했다. 그와 구성원 간의 대화 속에는 '칭찬'이라는 파이프라인이 연결되지 않았기 때문이다.

비슷한 사례는 가족 간 대화에서도 자주 나타난다. 부모와 자녀가 평소 공부나 생활 습관 이야기만 나눴다면, 자녀가 감정적인 고민을 털어놓고 싶어도 어떻게 말해야 할지 몰라 망설인다. 부모 역시 '뭐라고 답해야 하지?' 하고 당황하게 된다. 이럴 땐 의도적으로 감정 대화의 파이프라인을 만들어야 한다. 예를 들어 "오늘 기분은 어땠어?"처럼 감정을 묻는 짧은 질문부터 시작할 수 있다. 그러다 보면 점차 감정 대화의 흐름이 자연스러워지고, 감정 공유의 파이프라인이 관계 속에 자리 잡게 된다.

직장에서도 마찬가지다. 상사와 직원 간의 대화는 대체로 '보고-지시' 구조에 머무르는 경우가 많다. 하지만 어떤 회사는 회의 문화를 바꾸기 위해 자유로운 피드백을 도입했다. 처음에는 모두 어색하고 불편했지만 상사가 먼저 생각을 공유하고 직원들에게 의견을 묻는 시간을 반복하자 점차 새로운 대화의 흐름이 만들어졌다.

이처럼 새로운 대화의 파이프라인을 만드는 일은 쉽지 않다. 기존의 대화 습관을 바꾸는 일이기 때문에 반복적인 연습과 적응이 필요하다. 익숙한 흐름 속에 새로운 표현과 주제를 조금씩 끼워 넣으며 훈련하다 보면, 어느 순간 그것이 자연스럽게 이어지는 대화의 통로가 만들어진다.

▍ 정보를 나누면 대화가 달라진다

　코칭은 단순히 질문만 던지는 것이 아니다. 정보를 주고받으며 서로를 이해하는 흐름 속에서 대화가 훨씬 자연스럽게 이어진다. 일반적으로 코치가 질문하고 고객이 대답하는 구조이지만 일상적인 대화에서 질문만 계속되면 상대는 심문을 받는 듯한 느낌을 받을 수 있다.

　그래서 질문을 던지기 전에 먼저 정보를 살짝 건네고 질문을 이어가는 방식이 더 효과적이다.

예를 들어 보자.
A: "요즘 뭐 하고 지내?" (일반 질문)
B: "그냥 똑같지 뭐."

이렇게 질문만 건네면 대화가 금방 끊긴다. 반면 정보를 함께 제공하면 상황이 달라진다.
A: "요즘 야근이 많아서 너무 피곤해. 너도 회사에서 일 많아?" (정보를 주면서 질문)
B: "맞아, 나도 야근 계속하고 있어. 우리 팀 진짜 힘들어."
A: "요즘 무슨 일이 그렇게 많은 거야?"

이처럼 먼저 정보를 공유하고 질문을 건네면 상대도 부담 없이 자신의 이야기를 꺼낼 수 있다. 대화도 자연스럽게 연결된다. 미용실에서도 마찬가지다.

디자이너: "머리를 어떻게 해드릴까요?" (일반 질문)
고객: "그냥 앞머리 다듬고, 옆머리와 윗머리는 적당히 잘라주세요."

여기서 질문에 정보를 더하면 이렇게 바뀔 수 있다.
디자이너: "요즘 습도가 높아서 머리가 자꾸 부스스해지더라고요. 고객님도 스타일링 어렵지 않으셨어요?" (정보를 주면서 질문)
고객: "맞아요, 습기 때문에 머리가 자꾸 부풀어서 손질이 힘들어요."

 이처럼 정보를 먼저 제공하면, 단순한 응답을 넘어서 서로의 경험과 상황을 더 많이 공유할 수 있다. 공유된 정보가 많아질수록 대화 주제도 자연스럽게 넓어진다. 결국 좋은 대화는 질문만으로 만들어지지 않는다. 먼저 공감할 수 있는 정보를 건네고, 그 다음에 질문을 던지는 방식이 대화를 훨씬 풍성하게 만든다. 코칭도 마찬가지다. 질문과 정보 공유가 균형을 이룰 때 고객은 더 편안하게 생각을 풀어내고 스스로의 이야기를 확장해 나갈 수 있다.

▎대화의 흐름을 바꾸는 대화

 전환 반응(shift-response)과 지지 반응(support-response)은 사

회학자 찰스 더버(Charles Derber)가 "The Pursuit of Attention"에서 소개한 개념이다. 전환 반응은 '대화의 중심을 자기 쪽으로 끌어오는 것'이고, 지지 반응은 '상대방이 계속 이야기할 수 있도록 도와주는 방식"이다. 예를 들어, 친구가 "요즘 일이 너무 많아서 스트레스를 받아"라고 말했을 때 "나도 그래! 요즘 야근이 많아서 정말 힘들어"라고 응답하면 대화의 중심을 자신에게 옮기는데, 이것이 바로 전환 반응이다.

한 번은 기업의 팀장들과 코칭 과정을 진행할 때의 일이다. 그중 한 팀장은 자신이 평소 팀원들의 말에 충분히 공감한다고 생각해왔지만, 실제로는 팀원보다 자신이 더 많이 말하고 있었다는 사실을 깨달았다. 그는 "왜 그런지 이제야 알겠습니다"고 말하며, 자신이 팀원들과 면담하면서 계속 전환 반응을 하고 있었다는 점을 인식하게 되었다. 대화를 나누고 있다고 생각했지만 결과적으로는 팀장 자신의 이야기가 더 많았던 셈이다.

반대로 지지 반응은 상대가 편안하게 자신의 이야기를 이어갈 수 있도록 도와주는 방식이다. 상대의 말에 진심으로 관심을 가지고 질문하거나, 공감의 언어로 반응하는 것이 여기에 해당한다. 예를 들어, "요즘 일이 너무 많아서 스트레스를 받아"라는 말에 "그렇구나, 어떤 점이 가장 힘들어?" 혹은 "스트레스를 많이 받고 있구나. 어떤 일이 특히 많아졌어?"라고 응답하면 상대는 더 편안하게 자신의 이야기를 풀어갈 수 있다. 이것이 지지 반응이다.

이 두 반응은 대화의 흐름에 결정적인 영향을 미친다. 전환 반응이

---
* 셀레스트 헤들리 『말센스』

많아지면 각자 자기 이야기만 하게 되고 대화는 겉돌기 쉬워진다. 반면 지지 반응이 충분하면 상대는 마음을 열고 더 깊은 이야기를 하게 되며, 신뢰와 유대감이 형성된다. 전환 반응은 때로는 자기중심적인 인상을 줄 수 있고, 상대는 '내 이야기에 관심이 없나 보다' 라고 느낄 수 있다. 반면 지지 반응은 상대의 내면을 탐색할 수 있도록 돕고 관계를 더욱 가깝게 만든다.

대화를 잘 이어가고 싶다면 전환 반응과 지지 반응의 비율을 의식해보자. 이상적인 비율은 전환 반응 1에 지지 반응 3 정도라고 한다. 이 비율을 의식하고 대화에 임하면 자연스럽게 상대의 이야기를 더 많이 듣게 되고 대화는 일방적이지 않게 된다.

코칭에서도 이 원칙은 그대로 적용된다. 전환반응의 질문을 할 것인지, 지지반응의 질문을 할 것인지에 따라 고객은 '자연스럽게 대화가 잘된다'는 인상을 받게 된다. 그리고 코칭 대화는 훨씬 더 편안하고 의미 있게 흐르게 된다.

▎좋은 질문은 타이밍이다

예열은 무언가를 시작하기 전에 미리 덥혀 준비하는 것을 의미한다. 코칭에서도 이 예열 과정은 반드시 필요하다. 그것이 바로 '라포 형성'이다. 라포는 서로 마음을 열고 대화를 나눌 준비를 갖추는 시간이다.

질문을 던질 때도 마찬가지다. 질문에 답하려면 상황을 이해하고 상대의 마음이 어느 정도 열려 있어야 한다. 예를 들어, 대화 초반에 "어떻게 해결할 건가요?"라고 묻는다면 상대는 당황하거나 위축될 수 있다. 하지만 대화가 자연스럽게 흘러가고 어느 정도 신뢰가 쌓인 뒤에 같은 질문을 하면 상대는 더 진지하게 자신의 내면을 들여다보게 된다.

자동차 엔진도 예열이 되어야 부드럽게 움직이듯 대화에서도 마음이 준비되어야 질문이 제대로 작동한다. 예를 들어, 직장에서 커리어 고민을 하고 있는 사람에게 처음부터 "5년 후 목표는 무엇입니까?"라고 묻는다면 상대는 부담을 느낄 수 있다. "요즘 일하면서 가장 보람 있었던 순간은 언제였나요?", "어떤 때 성장하고 있다고 느끼세요?" 같은 질문으로 자연스럽게 대화를 시작하는 것이 좋다.

이렇게 대화가 무르익고 상대가 자신의 이야기를 충분히 풀어냈을 때 "그렇다면, 당신이 진짜 하고 싶은 일은 무엇인가요?"라는 질문을 던지면, 그 질문은 훨씬 깊이 있게 다가간다. 단순한 정보 수집이 아니라 스스로의 삶과 사고방식을 성찰하는 계기가 된다.

이 원리는 코칭뿐 아니라 일상의 관계에서도 똑같이 작용한다. 예를 들어 친구가 인생에 대한 고민을 털어놓을 때 "넌 인생에서 뭘 원해?"라고 갑자기 묻기보다는 "요즘 어때?", "가장 관심있는 일은 뭐야?"처럼 부담 없는 질문부터 시작하는 것이 좋다. 그렇게 편안한 대화 흐름 속에서 친구는 점차 자신의 생각을 정리하고 스스로도 몰랐던 내면의 이야기를 꺼내게 된다.

결국 좋은 질문이란 상대가 스스로를 탐색하도록 만든다. 그리고 그 질문이 진짜 힘을 발휘하려면 상대가 마음을 열고 받아들일 준비가 되었을 때 던져야 한다. 코칭에서는 핵심 질문을 성급히 꺼내기보다 충분히 예열하는 시간을 갖는 것이 중요하다. 질문은 내용보다 타이밍이다. 상대가 마음이 준비되었을 때 던진 질문이 깊은 통찰과 자각으로 이어질 수 있다.

물음표 칭찬

"책임감 있게 일처리를 잘 했어"처럼 칭찬하는 말이 어색하거나 부담스러울 때는 질문 형태로 칭찬을 건네는 '물음표 칭찬'이 효과적이다. 단순히 칭찬만 하기보다는 질문을 던지면 상대는 자신의 노력과 과정을 스스로 돌아보게 된다. 그 결과 더 깊은 성취감을 느끼고 동기부여도 함께 높아진다.

예를 들어 누군가의 보고서를 보고 "핵심을 정말 잘 잡았어. 어떻게 했어?"라고 질문하면 상대는 어떤 방식으로 핵심을 도출했는지 설명하면서 과정을 새롭게 인식하게 된다. "사전 조사가 잘 되었네. 얼마나 걸린 거야?"라고 물으면 자신이 들인 시간과 노력을 떠올리게 되고, "완결성이 높아. 노하우가 뭐야?"라고 질문하면 자신의 강점을 자각하는 계기가 된다.

이처럼 물음표 칭찬은 '자신이 어떤 기여를 했는지'를 직접 인식하게 만든다. 자신이 한 일의 의미를 스스로 발견하도록 돕는 방식이다. 단순히 "좋았어"라고 말하는 데 그치지 않고, 자신의 기여를 자각하게 하며 '내가 해냈다'는 뿌듯함을 불러일으키게 만든다.

특히 경력과 경험이 많은 구성원일수록 단순한 칭찬보다 '기여감'을 느끼게 하는 것이 훨씬 더 중요하게 작용한다. "잘했어요"보다는 "이 부분 정말 훌륭해요. 어떤 방식으로 접근하셨어요?"처럼 질문하는 방식이 더 큰 만족감을 주며, 스스로의 전문성과 역량을 다시 확인하게 만든다. 이러한 자각은 또 다른 도전과 성장을 이끄는 내적 동력이 된다. 결국 질문이 칭찬이 될 수 있다. 물음표 칭찬은 상대의 자존감을 높이고 동기를 이끌어내는 강력한 리더십의 표현이 된다.

3장
실행하기
Execution

▌ 목표는 성취로 향하는 강력한 동력이다

심리학자 에드윈 로크(Edwin Locke)는 목표가 인간 행동에 동기를 부여하는 핵심 요인이라고 보았다.* 그에 따르면 목표는 다음 세 가지 방식으로 동기를 자극한다.

첫째, 목표는 특정한 방향으로 주의를 집중시켜 그 방향을 향해 노력하게 만든다. 예를 들어, 마라톤을 완주하겠다는 목표를 세운 사람은 훈련과 체력 관리를 통해 지속적으로 그 목표를 향해 나아간다. 목표가 없는 상태에서는 주의가 분산되기 쉽지만, 목표가 있으면 불필요한 행동을 줄고 핵심 활동에 에너지가 집중된다.

둘째, 목표를 달성될 때까지 끝까지 해내도록 만든다. 많은 사람들이 과제를 끝내지 못하는 이유는 '방법을 몰라서'가 아니라 '끝까지 하지 않기' 때문이다. 예를 들어, 학생이 좋은 성적을 얻기 위해서는 학기 내내 꾸준히 공부해야 한다. 하지만 중간에 포기하거나 동기를 잃으면 목표에 도달하기 어렵다. 목표는 도중에 흔들릴 때 중심을 잡아주고, 실패해도 다시 도전할 수 있는 힘을 준다.

셋째, 목표를 성공적으로 수행하기 위해 필요한 기술과 전략을 개발하게 만든다. 목표가 명확할수록 그에 맞는 방법을 고민하게 된다. 예를 들어, 영업 목표를 달성하려는 직원은 고객과의 소통 기술이나 마케팅 전략을 개선하려는 노력을 하게 된다. 이를 통해 자연스럽게 역량이 향상되고 더 높은 성과로 이어진다.

---

*Organizational Behavior and Human Performance, 1968

결국 목표는 주의를 집중시키고 노력을 지속하게 하며, 필요한 기술과 전략개발을 촉진한다. 이 세 가지 기능을 통해 목표는 사람들의 행동에 강력한 동기를 부여한다. 이는 단지 목표가 방향을 제시하는 도구가 아니라 성장을 이끄는 본질적인 동력이 된다. 만약 목표를 세웠는데 이 세 가지 기능이 제대로 작동하지 않는다면 다음 문장을 기억하자. "당신이 정말 원하는 것이 있다면 길을 찾을 것이다. 그렇지 않으면 당신은 변명을 찾을 것이다." -짐 론 Jim Rohn

실행력과 생각의 수준

실행을 이끄는 생각에도 수준이 있다. 이민규 교수의 "실행이 답이다"에서 생각을 낮은 수준과 높은 수준으로 구분한다. 낮은 수준의 생각은 주로 눈앞의 불편함에 집중한다. 예를 들어 '귀찮다', '피곤하다'는 감정에 머물면 장기적인 목표를 세우기 어렵다. 설령 목표를 세운다 하더라도 실행으로 이어지기 힘들다. 이러한 사고방식을 구체적이고 의지를 담은 높은 수준의 생각으로 전환하지 않으면 행동의 변화는 좀처럼 일어나지 않는다.

사람들은 실행하지 못했을 때 흔히 "내가 의지가 약해서 그래", "요즘 너무 바빠서"라고 말한다. 그러나 실제로는 생각의 깊이나 구체성이 부족해서 실행까지 이어지지 못하는 경우가 많다. 예를 들어 '건강해져야지'라는 다짐은 막연한 생각에 불과하다. 반면 '매주 세 번, 30

분씩 걷겠다'는 계획은 구체적이고 실행 가능성이 높다. 전자는 막상 무엇을 해야 할지 몰라 실행하기 어렵지만, 후자는 당장 해야 할 일이 명확하기 때문에 실천으로 이어지는 높은 수준의 생각이다.

운동을 시작하고 며칠 지나도 눈에 띄는 변화가 없다고 금방 포기하는 경우가 있다. 이는 즉각적인 결과에 집착하는 낮은 수준의 생각 때문이다. 장애물을 만났을 때도 마찬가지다. "시간이 없어서 못 했어요"라는 말은 누구나 할 수 있다. 하지만 "시간이 부족하면 아침에 30분 일찍 일어나서 걷자"는 식으로 대안을 마련하면 그것은 높은 수준의 생각이고 실행력도 높아진다.

목표를 달성한 모습을 생생하게 그려보는 것도 실행력을 높이는데 효과적이다. 예를 들어 자격증 시험을 준비하면서 '합격증을 들고 환하게 웃는 내 모습'을 상상하면, 그 장면이 공부의 동기부여로 이어진다. 이는 단순한 희망이 아니라 목표를 현실로 끌어오는 높은 수준의 생각이다.

생각의 수준이 높아지면 행동에 필요한 에너지 역시 자연스럽게 따라온다. 높은 수준의 생각은 명확한 계획을 세우게 하고, 그 계획은 실질적인 성과로 이어진다. 결국 이것은 단순한 생활 습관을 넘어서 업무 성과와 자기 성장, 나아가 삶의 방향 전체에 긍정적인 영향을 미친다.

동기의 불꽃 살리기

무언가를 '하고 싶다'는 감정이 들 때, 우리 안에서는 동기가 생겨난다. 동기는 행동을 시작하게 만드는 불꽃이다. 하지만 이 불꽃은 생각보다 쉽게 꺼지고 만다. 예를 들어 금연을 결심했던 사람이 6개월간 잘 버티다가 담배를 한 번 피운 것만으로 모든 노력을 포기해버리는 경우가 있다. 단 한 번의 실수지만 마음속 '하고 싶다'는 동기가 사라져 다시 시작하기 어려워진다.

책을 쓰거나 다이어트를 하거나 운동을 하겠다는 결심도 마찬가지다. 동기의 불꽃이 꺼지지 않고 살아 있으려면 작은 행동이라도 계속 이어져야 한다. 그렇지 않으면 그 불꽃은 금세 꺼지고 만다.

이때 동기를 유지하기 위해 필요한 첫 번째 요소가 바로 의지다. 의지는 '해야 한다'는 내적 결심에서 비롯되며, 동기가 만들어 낸 작은 불꽃을 키우게 만드는 힘이다. 그러나 의지도 처음의 결심만으로는 오래가지 못하는 경우가 많다. 추운 겨울 아침에 조깅을 결심했더라도 이불 속의 따뜻함에 이끌려 쉽게 포기하게 되고, 책을 읽겠다고 다짐했어도 눈에 띄지 않으면 그냥 지나쳐 버린다.

의지도 처음의 결심만으로는 오래가지 못하는 경우가 많다. 그래서 의지는 환경의 도움을 받아야 유지될 수 있다. 환경은 동기를 유지하는 두 번째 요소이다. 예를 들어 독서를 습관화하려면 테이블 위에 책을 올려두는 것이 좋다. 진날 밤에 미리 운동복을 꺼내 두면 아침에 운동에 나서는 것이 훨씬 수월해진다. 스마트폰 사용을 줄이고 싶다면 서랍 속이나 다른 방에 두어 접근성을 낮추는 것도 효과적이다.

이처럼 환경은 의지를 보조하는 장작과 같아서 동기의 불꽃이 꺼지지 않도록 지속적으로 연료를 공급해준다. 결국 동기는 행동을 시작하게 만들고, 의지는 그 행동을 크게 키우며, 환경은 그것을 지속하게 만드는 시스템이다. 이 세 가지가 균형을 이루어야 비로소 행동은 습관으로 굳어지고 지속 가능한 변화로 이어질 수 있다.

목표 달성을 이끄는 핵심 행동

'핵심 행동'이란 어떤 목표를 이루기 위해 반드시 실행해야 하는 가장 중요한 행동을 말한다. 목표만 세운다고 해서 저절로 이루어지지 않는다. 실현 가능한 구체적 행동이 따라야만 변화가 시작된다. 예를 들어 '책을 읽고 싶다'고 생각만 한다면 아무 일도 일어나지 않는다. 이 경우 가장 먼저 해야 할 핵심 행동은 '책을 펼치는 것'이다. 마음만 먹고 책을 들여다보지 않으면 독서는 결코 시작되지 않는다. 운동도 마찬가지다. '운동해야지'라고 다짐만 한다고 해서 몸이 움직이지는 않는다. 하지만 '운동을 하고 싶다면, 지금 당장 팔 굽혀 펴기 한 개라도 해보자'처럼 구체적으로 정하면 행동이 달라진다.

어떤 사람은 매번 운동을 미루다가 '일단 운동복부터 갈아입자'는 작은 원칙을 만들었다. 그 작은 행동 하나만으로도 몸이 자연스럽게 움직이기 시작했고 결국 운동을 꾸준히 하게 되었다.

코칭도 마찬가지다. 고객이 원하는 목표를 정했다고 해서 코칭이 끝나는 것은 아니다. 그 목표를 이루기 위해 반드시 필요한 '핵심 행동'을 찾아내고, 그것을 실제 행동으로 연결하는 것이 필요하다.

예를 들어, 누군가 "자신감을 키우고 싶다"고 말한다면, 그에 대한 핵심 행동은 '하루에 한 번 자신이 잘한 일을 적는 것'일 수 있다. 또 "직장 내에서 더 인정받고 싶다"고 한다면 '회의에서 반드시 한 가지 의견을 내는 것'이 될 수 있다.

결국 목표를 실현하는 힘은 사소해 보이지만 꼭 필요한 핵심 행동을 꾸준히 실천하는 데서 비롯된다. 핵심 행동을 정확히 이해하고 실천하는 것, 그것이 진짜 변화의 시작이다. 중요한 건 거창한 계획이 아니라 지금 당장 '작은 행동부터 시작하는 것'이다.

목표를 현실로 만드는 실행 설계법

코칭은 고객이 세운 목표가 실제로 실현될 수 있도록 구체적인 실행 계획을 수립하는 것이 핵심이다. 목표만 설정한다고 해서 저절로 이루어지지는 않는다. 어떻게 실행할 것인지 명확하게 설계하고 정기적으로 점검해야 실천 가능성이 높아지고 행동도 지속될 수 있다.

어떤 목표든 단순한 동기만으로는 충분하지 않다. 실천과 유지를 위해서는 언제부터 시작할지, 어떤 행동을 할지, 얼마나 자주 반복할지, 어느 기간 동안 지속할지, 그리고 실행을 도울 수 있는 환경은 어떻게 조성할지 등을 구체적으로 설계해야 한다.

다음은 관계 개선을 위한 실행 계획을 구체화해 나가는 코칭 대화의 예시다. 처음에는 막연히 '대화를 나누겠다'고 말했던 고객에게 코치는 보다 명확한 행동 수준의 계획을 함께 수립해 나간다.

고객: 최근에 저희 팀원 중 한 명과의 관계가 좀 불편합니다. 대화를 나눌 때마다 뭔가 벽이 있는 것 같고 협업도 원활하지 않아요.
코치: 관계를 개선하기 위해 구체적으로 어떤 행동을 시작해볼 수 있을까요?
고객: 우선, 매일 아침 업무 시작 전에 간단한 대화를 시도해보겠습니다. '어제 하루 어땠어요?' 같은 가벼운 질문부터 시작해 보려고요.
코치: 그렇다면 언제부터 시작할 계획이신가요?
고객: 내일부터 바로 시작해 볼게요.
코치: 횟수나 주기는 어떻게 설정하면 좋을까요?
고객: 음… 처음에는 부담스럽지 않게 하루에 한 번 가볍게 대화하고, 일주일에 한 번은 좀 더 깊이 있는 대화를 시도해보는 게 좋을 것 같아요.
코치: 이 관계 개선 계획의 1차 마감 시점을 정해본다면 언제쯤이 좋을까요?
고객: 적어도 한 달 동안은 꾸준히 시도해 보고 싶어요. 너무 급하게 변화를 기대하기보다는 자연스럽게 관계를 만들어 가는 것이 좋을 것 같아요.
코치: 그럼 이 실행을 꾸준히 유지할 수 있도록 돕는 환경은 어떻게 조성해볼 수 있을까요?

고객: 제가 잊지 않고 실천할 수 있도록 일정을 정리하는 방법이 필요할 것 같아요. 예를 들면 매일 아침 대화를 시도했는지 체크하는 습관을 들이면 실천에 도움이 될 것 같아요.

코치: 마지막으로, 이 관계 개선을 통해 고객님이 궁극적으로 기대하는 변화는 무엇인가요?

고객: 팀원과의 거리를 좁히고 협업이 더 원활해지는 게 목표예요. 그리고 저도 팀원들과 좀 더 편안하게 소통할 수 있는 리더가 되고 싶어요. 처음엔 막연하게만 생각했던 관계 개선이 이제는 구체적인 실행으로 이어질 수 있을 것 같아요.

이처럼 어떤 목표든 단순한 결심이나 의지만으로는 오래 지속되기 어렵다. 코칭은 고객의 동기와 의지를 바탕으로 실행 가능성을 높이기 위한 구조와 환경을 함께 설계해야 한다. 이렇게 설계된 실행 계획이 있을 때, 실천은 일회성이 아닌 지속 가능한 흐름이 된다. 코칭은 바로 이러한 실행 설계 과정을 통해 목표를 현실로 만들 수 있다.

반복을 통해 달라진다.

"논어(論語)" 이인편(里仁篇) 제2장에 공자는 이렇게 말한다. "사람의 본성은 서로 가깝지만, 익히는 바에 따라 멀어진다."(性相近也, 習相遠也)

공자는 사람의 타고난 본성은 크게 다르지 않지만 살아가며 경험하는 환경과 배우는 내용, 반복하는 습관에 따라 점점 차이가 생긴다고 보았다. 즉, 인간의 본성은 유사하지만 어떤 노력을 하느냐에 따라 성품과 능력은 충분히 달라질 수 있다는 의미다.

이를 보여주는 사례가 한국과 미국에서 각각 성장한 일란성 쌍둥이 자매의 이야기다. 두 사람은 유전적으로 동일하지만, 어릴 때 헤어져 전혀 다른 환경에서 성장했다. 그 결과 지능지수(IQ)와 가치관에서 분명한 차이를 보였다. 한국에서 자란 언니는 집단주의적 가치관이 강했고, 미국에서 자란 동생은 개인주의적 가치관이 강했다. 이는 같은 유전자를 지닌 사람이라도 성장 환경에 따라 사고방식과 인지 능력에 확연한 차이가 생길 수 있음을 보여준다.*

체력도 마찬가지다. 비슷한 신체 조건을 가진 두 사람이라도, 한 사람은 매일 운동을 반복하고 다른 사람은 운동을 하지 않으면 몇 달 후 그 차이는 분명해진다. 이처럼 사람은 같은 본성을 가지고 태어나더라도 어떤 행동을 반복하고 어떤 습관을 형성하느냐에 따라 삶의 방향이 달라진다. 반복적인 노력은 인격과 능력을 형성하며 지속적인 연습과 훈련은 사람을 점진적으로 변화시킨다. 공자가 말한 것처럼 인간 사이의 차이는 본성 자체가 아니라 반복을 통해 형성되는 '습관'에서 비롯된다.

---

* 아사이언스 조승한 기자, 「어릴 적 헤어진 일란성 쌍둥이 자매, 韓-美 거리만큼 달랐다」, https://www.donga.com/news/lt/article/all/20220520/113497632/1

습관이 만들어지는 뇌의 원리

습관은 반복된 행동을 통해 형성되며, 이 과정에서 뇌의 특정 부위가 핵심적인 역할을 한다. 처음 어떤 행동을 배울 때는 뇌의 '해마'가 정보를 기억하고 처리하는 기능을 담당한다. 하지만 그 행동이 반복되면서 익숙해지면, 어느 순간부터는 '선조체'가 중심이 되어 행동을 자동화한다. 신조체는 습관 형성, 운동 조절, 보상 처리 등에 관여하는 뇌의 중심 부위이다.

예를 들어 자전거를 처음 배울 때는 균형 잡기와 페달 밟기에 온 신경을 써야 한다. 초기에는 해마가 활발하게 작동한다. 하지만 자전거 타는 일이 익숙해지면 별다른 의식 없이도 몸이 자연스럽게 반응하게 된다. 이렇게 습관이 되면 선조체가 행동을 주도하게 된다.

습관이 한 번 형성되면 별다른 노력 없이도 행동이 반복되기 때문에 뇌는 이를 편안하게 느낀다. 뇌는 반복된 행동을 자동화하는 방향으로 작동하기 때문에 습관을 바꾸기 위해서는 어떤 상황에서 어떤 행동이 반복되고 있는지 명확히 인식하는 것이 중요하다. 그리고 기존 습관을 대체할 새로운 행동을 미리 준비해두는 전략이 필요하다. 예를 들어 스트레스를 받을 때마다 간식을 먹는 습관이 있다면, 같은 상황에서 산책을 하거나 짧은 명상을 하는 식으로 대체할 수 있다. 핵심은 새로운 행동을 반복하여 뇌 속에 새로운 신경 경로를 형성하는 것이다.

새로운 습관을 만드는 데는 시간이 걸린다. 일반적으로 21일 정도 반복하면 뇌가 그 행동을 인식하고, 약 66일간 지속하면 하나의 습관으로 자리 잡는다고 알려져 있다. 물론 개인의 차이나 습관의 난이도에 따라 이 기간은 달라질 수 있다. 중요한 것은 단기간의 효과에 집착하지 않고 작은 행동을 꾸준히 반복해야 한다.

습관은 뇌가 자동으로 학습한 결과이다. 좋은 습관이든 나쁜 습관이든 모두 같은 방식으로 형성되기 때문에 습관을 바꾸려면 환경을 잘 설계해야 한다. 무리하지 않는 작은 목표부터 시작해 새로운 행동으로 자연스럽게 전환하는 전략이 필요하다.

나의 천직 찾기

　2005년, 나는 프로그래머로 일하고 있었다. 그 시절, 한 코치님이 이렇게 질문했다. "팀장님은 지금 어디로 가고 계십니까?" 이 질문은 내 삶의 방향에 대해 처음으로 진지하게 고민하게 만들었고, 결국 3개월의 숙고 끝에 나는 코치의 길로 들어섰다. 그리고 20년이 흘렀고, 나는 다시 한번 내가 왜 이 길을 선택했는지를 되묻고 있다. 마침내 나는 그 이유를 분명히 알게 되었다. 코치, 강사, 작가라는 직업은 결국 내가 진정으로 원하는 것을 표현하는 수단이었다. 그렇다면 나는 어떤 목적을 가지고 이 일을 하고 있는 것일까?

　"마법의 코칭"의 저자인 에노모토 히데타케가 한국에서 진행한 '천직 창조 세미나'는 내게 깊은 인상을 남겼다. 이후 나는 내 삶을 관통하는 중심 키워드를 찾기 시작했고 역할들을 다시 바라보게 되었다. 그 과정에서 내가 맡고 있는 다양한 역할들을 새롭게 바라보게 되었다. 그리고 마침내 모든 활동을 관통하는 하나의 단어를 발견했다. 그것은 바로 '통찰(insight)'이었다.

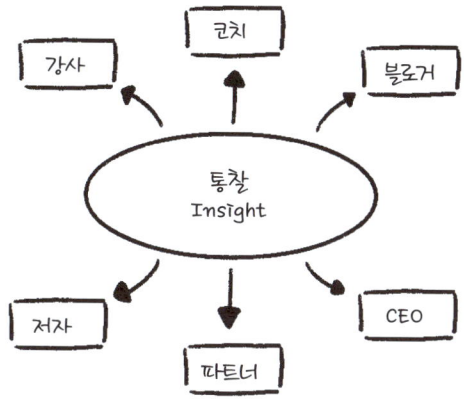

　강사로서 나는 단순히 정보를 전달하는 데 그치지 않고 청중에게 통찰을 제공하고자 노력했다. 글을 쓸 때도 독자에게 새로운 시선을 제공하여 통찰이 일어나길 바랐다. 통찰은 내가 추구하는 모든 활동의 핵심이었다. 이처럼 자신의 중심 키워드를 인식하는 순간, 그 일이 곧 천직이 될 수 있다. 누군가 나에게 "직업이 무엇인가요?"라고 묻는다면, 나는 이렇게 대답할 것이다. "저는 사람들에게 통찰(insight)을 전하는 일을 합니다."

　그러다 문득, 주변 사람들의 중심 키워드는 무엇일지 궁금해졌다. 한 지인의 중심 키워드는 '감동'이었다. 그녀는 어떤 일을 하든 감동을 느끼고 그것을 표현할 때 가장 큰 의미를 느낀다고 했다. 실제로 그녀의 말과 행동에는 사람의 마음을 울리는 힘이 있었다. 또 다른 지인은 '지식 전달'을 중심 키워드로 삼고 있었다. 그는 강의 중 새로운 지식을 명확히 전달하는 것을 미션처럼 여겼고, 그의 강의 콘텐츠는 놀라울 정도로 체계적으로 구성되어 있었다. 이처럼 중심 키워드는 단순히 직업에만 영향을 주는 것이 아니라 일과 세상을 대하는 방식에 깊은 영향을 미친다.

나 역시 '통찰'을 중심 키워드로 삼고 일을 해왔다. 하지만, 어느 순간 '정말 나는 지금도 통찰을 전하고 있는가?'라는 의구심이 들었다. 이 질문은 나를 더 깊이 들여다보게 만들었다. 이후 몇 년 동안의 탐색 끝에 나는 몇 가지 단어들을 더 발견하게 되었다. '목적, 독특함, 관점, 본질, 지혜'라는 단어들이다. 그리고 이 단어들을 정리하다 보니 마침내 하나의 문장이 완성되었다. 그것은 '목적을 찾아가는 독특한 시각'이다.

이 문장은 이전에 발견한 '통찰'이라는 단어에서 한 단계 더 깊이 나아가 나의 중심 문장이 되었고, 내가 진정으로 추구하는 방향을 드러내는 글이 되었다. 내가 추구하는 모든 활동의 중심에는 '목적을 찾아가는 독특한 시각'을 전하고자 하는 의도가 있었다. 강사로서 강의를 할 때도 단순한 지식 전달을 넘어서 청중이 자신의 목적을 바라볼 수 있도록 새로운 시각을 제시하려 노력했다.

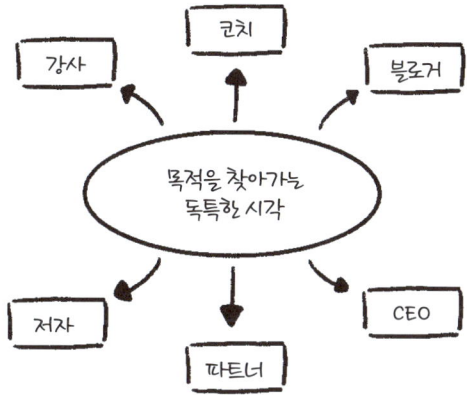

　코치로서 코칭을 할 때는 상대가 목적을 발견하고 그 방향으로 나아갈 수 있도록 독특한 관점을 제공하는 것이 나의 핵심 역할이 되었다. 코치, 강사, 작가라는 다양한 활동은 단지 직업이 아니라 내가 세상에 전하고 싶은 메시지를 실현하는 수단이었다. 결국 이 모든 역할은 나의 사명을 드러내는 방식이자 내가 살아가는 이유였다.

Part 2
조직에 대한 시선 👁

4장　성과 관리 프로세스 (A.C.E)
5장　팀 리더십
6장　조직 문화

4장

성과 관리 프로세스 (A.C.E)

리더의 성과 관리 역량을 키우는 ACE모델

성과 관리는 단순히 결과를 측정하는 일이 아니다. 목표를 설정하고 실행하며, 그 과정을 지속적으로 점검하고 개선해 나가는 일련의 과정이다. 리더는 자신만의 성과 관리 방식을 구축하고 이를 체계적으로 운영해야 한다. 그래야 조직과 구성원들이 목표를 명확히 이해하고 성과를 효과적으로 달성할 수 있다.

이러한 성과 관리 프로세스는 Aim, Connection, Evaluation의 세 단계로 구성되며, 이를 합쳐 ACE 모델*이라고 부른다.

첫 번째 단계인 Aim은 목표를 설정하는 단계다. 목표는 단순한 수치가 아니라 실행 가능한 계획을 포함해야 하며, 명확한 방향성을 지녀야 한다. 예를 들어 마케팅팀이 '광고 클릭 수 증가'라는 모호한 목표를 세우는 대신 '1분기 내 신규 방문자 전환율을 15% 증가시킨다'처럼 구체적으로 정의해야 한다. '매출을 올리자'는 포괄적 표현보다 '이번 달까지 신규 고객을 20% 늘리고 고객 유지율을 15% 향상시킨다'와 같이 명확한 목표를 설정하는 것이 효과적이다. 명확한 목표는 구성원들이 업무 방향을 이해하고 효율적으로 움직이게 만든다. 또한 목표는 단기, 중기, 장기로 구분해 조직의 전략과 개인의 역할을 유기적으로 연결할 수 있어야 한다.

두 번째 단계인 Connection은 설정된 목표가 실제 업무에서 어떻게 실현되는지 구체화하는 단계다. 구성원은 각자의 역할과 책임을 명확히 이해해야 하며 중간 점검을 통해 목표와 실행 간의 정렬 상태를

---

* 양정훈, 이동운 『케미스트리』

수시로 확인해야 한다. 이를 위한 대표적인 방법이 1on1 미팅이다. 리더는 단순히 목표를 전달하는 데 그치지 않고 구성원이 목표를 지속적으로 인식하며 실행할 수 있도록 정기적인 대화를 통해 지원해야 한다. 예를 들어 구성원이 목표 달성에 어려움을 겪고 있다면, 1on1 미팅을 통해 문제의 원인을 파악하고 구체적인 해결 방안을 함께 찾는 것이 필요하다. Connection 단계가 효과적으로 작동하면 구성원은 자신의 목표에 대해 주인의식을 갖고 업무에 더 몰입하게 된다. 이를 가능하게 하는 핵심은 심리적 안전감이다. 구성원이 자유롭게 문제를 공유하고 함께 해결책을 찾을 수 있어야 하기 때문이다.

세 번째 단계인 Evaluation은 성과를 평가하는 단계다. 단순히 등급을 매기는 것이 아니라 조직 문화를 형성하고 구성원이 자신의 강점과 개선점을 인식해 지속적으로 성장하도록 돕는 것이 핵심이다. 예를 들어 프로젝트가 종료된 뒤 구성원들과 함께 성과 평가 미팅을 진행하여 잘한 점과 개선이 필요한 점을 논의하면 조직 전체의 학습 효과가 높아진다. 공정한 평가가 이루어질 때 구성원들은 더 큰 동기를 느끼고 목표 달성에 적극적으로 임하게 된다. 이때 중요한 것은 단순한 결과 측정이 아니라 과정 중심의 분석을 통해 실질적인 발전을 이끌어내는 것이다. 예를 들어 목표의 80%만 달성한 프로젝트라면 나머지 20%의 부족 원인을 파악하고 이를 보완할 전략을 수립해야 한다. 이때 정량적 지표(예: 매출, 고객 수)뿐 아니라 정성적 요소(예: 팀워크, 협업 방식)도 함께 고려되어야 한다. 효과적인 피드백을 위해 AAR(After Action Review) 방식—"무엇을 목표로 했는가?", "결과는 어땠는가?", "차이가 발생한 원인은 무엇인가?", "앞으로 어떻게 개선할 것인가?"—을 활용하는 것도 유익하다.

ACE 모델은 단순한 성과 관리 도구가 아니라 리더가 조직과 구성원의 성장을 체계적으로 지원할 수 있도록 설계된 프로세스이다. 명확한 목표(Aim)를 설정하고, 몰입을 유지할 수 있도록 연결(Connection)을 강화하며, 공정하고 성장 중심의 평가(Evaluation)를 통해 성과와 역량을 함께 끌어올릴 때, 조직은 더욱 높은 성과와 지속 가능한 성장을 달성할 수 있다.

1. 성과를 위한 준비

> 성과 관리는 목표와 과정을 지속적으로 조정하고 지원하는 동적인 활동이다.

▍성과 평가의 본질

성과 평가는 단순히 직원의 업무 결과를 측정하는 데 그치지 않는다. 평가에는 여러 목적이 복합적으로 작용한다. 우선, 직원들은 성과 평가를 통해 자신의 업무를 '건강검진'처럼 점검할 수 있으며, 이를 바탕으로 피드백을 받는다. 또한 평가 결과는 개인의 역량 개발 방향을 설정하고 승진이나 인사 이동 등 주요 의사결정의 근거로 활용된다. 나아가 평가 과정은 목표 달성을 위한 내적·외직 동기를 부여하는 중요한 도구이기도 하다.

이 중 가장 궁극적인 목적은 조직이 지향하는 문화와 가치를 정착시키는 데 있다. 즉, 경영자가 원하는 조직 문화를 구체적인 평가 기준으로 전환해 일상 업무에 자연스럽게 녹여내는 것이 성과 평가의 본질이다. 이를 위해 먼저 정의되어야 할 것이 있다.

- 조직 미션: 우리 조직이 존재하는 이유는 무엇인가? (성공의 기준)
- 팀 미션: 우리 팀이 존재하는 이유는 무엇인가? (정성적 평가의 기초)

- 조직 비전: 우리는 세상에 무엇을 보여줄 것인가? (세상에 보여줄 모습)
- 팀 비전: 우리는 회사에 무엇을 보여줄 것인가? (정량적 평가의 기초)

미션과 비전의 최소 단위는 '팀' 또는 '파트'다. 팀은 실제 성과를 만들어내는 단위이므로 평가도 팀 중심으로 이루어져야 한다. 팀의 리더는 평가 권한과 책임을 동시에 가지며, 팀의 미션과 비전이 명확히 설정하면 정량적·정성적 평가 기준 또한 분명히 수립할 수 있다.

팀장은 평가 기준을 상사(일반적으로 임원)와 합의해야 한다. 상사는 조직의 방향성과 기대치를 제시하고 팀장은 이를 구체적이고 실행 가능한 평가 기준으로 전환한다. 이 기준은 구성원들과 투명하게 공유되어 평가의 공정성과 신뢰성의 기반이 된다.

결국 성과 평가의 핵심은 '기준의 명확성'이다. 기준이 불분명하면 오해가 생기고 동기부여 대신 불신과 갈등이 발생한다. 성과 평가의 성공은 '무엇을 기준으로 삼을 것인가'를 설계하고 공유하느냐에 달려 있다. 이것이 조직문화를 만드는 토대가 된다.

▌혁신 기업의 딜레마

혁신적인 기업은 기존과 다른 새로운 접근으로 시장을 선도하거나 독창적인 기술과 비즈니스 모델을 통해 산업 변화를 이끈다. 신기술 개발을 넘어서 조직문화, 경영방식, 고객 경험 전반에서 혁신을 시도해 경쟁력을 확보한다. 애플, 테슬라, 넷플릭스, 우버, 네이버, 카카오, 우아한형제들, 토스, 넥슨 등이 대표적인 혁신 기업으로 꼽힌다.

혁신기업들은 변화 속도가 빨라 리더의 성장 과정을 예측하기 어렵다. 일반적으로 승진하거나 특정 직책을 맡게 되면 리더가 되지만 실제 리더십 역할을 어떻게 수행해야 하는지 배우지 못한 경우가 많다. 과거에는 개인의 성과가 중요했지만 지금은 팀의 성과와 성장, 조직의 방향성을 함께 고민해야 하는 시대다. 그러나 많은 리더는 여전히 개인 성과에 집중하거나 혼자서 문제를 해결하는 방식에서 벗어나지 못한다.

직원 성장과 조직 성장이 연결된다는 인식이 부족해, 문제 발생 시 체계적 방법(예: 회의, 워크숍, 협업)보다는 즉흥적이고 단기적 해결에 집중하는 경향이 있다. 리더가 스스로 성장하지 않으면 조직도 성장하기 어렵고 리더십에 대한 기준도 정립되기 힘들다. 이로 인해 리더의 역할과 역량을 평가하는 기준이 모호해지고 공정성과 객관성이 떨어지게 된다.

다양한 경험과 역량을 가진 구성원들을 하나로 묶는 일도 리더의 중요한 역할이지만, 그 방법을 몰라 어려움을 겪는 경우가 많다. 성과 평가나 육성 면담처럼 중요한 과정조차 어떻게 이끌어야 할지 몰라 망설이거나 회피하는 리더들도 있다. 예를 들어, 저성과 직원이 자신의 부족함을 인지하지 못하거나 고성과 직원이 독단적으로 행동할 때 리더는 적절한 피드백을 제공해야 한다. 그러나 적절한 피드백이 필요하지만 제대로 전달되지 않으면 반발만 불러올 수 있다. 리더십이 명확하게 정의되지 않으면 조직의 기준 또한 흐려지고 운영의 공정성과 효율성은 떨어지게 된다.

빠르게 변화하는 조직에서는 업무 재분배가 일상적이다. 그러나 업무의 특성, 직원의 역량과 요구, 해당 업무가 직원의 성장에 미치는 영향 등을 고려하지 않고 단순히 일을 나누면 오히려 혼란과 불만이 커진다. 특히 충분한 논의 없이 일방적으로 업무를 배정하면 갈등이 생기고 일부는 퇴사로 이어지기도 한다. 창의적이고 유연한 문화를 기대하고 입사한 구성원이 현실에 실망하게 되는 이유이기도 하다.

이러한 문제를 해결하기 위해서는 조직의 미션과 비전을 먼저 정의하고, 이를 바탕으로 정기적인 1on1 미팅이 필수적이다. 하지만 많은 리더는 면담의 필요성을 인식하지 못하거나 방법을 배우지 못했다. 조직 차원에서도 이를 공식적으로 장려하거나 시스템적으로 지원하지 않아, 리더들은 중요성을 체감하지 못하고 결국 문제가 생길 때마다 임기응변식 대응만 반복하게 된다. 그 과정에서 성과 창출, 비전 공유, 구성원 성장과 같은 핵심 요소는 점점 뒷전으로 밀리게 된다.

1on1 미팅은 단순 업무 보고가 아니다. 피드백을 주고받으며 앞으로 있을 업무에 대한 코칭과 평가를 통해 함께 성장하는 과정이다. 이를 위해 면담의 주기, 내용, 형식, 방식 등을 체계적으로 설계해야 한다. 구성원이 겉으로는 아무 말도 하지 않아도 마음속에 불만이 쌓여 있을 수 있다. 리더는 '소리 없는 아우성'을 감지할 수 있어야 한다.

조직 내 협력과 성장에 대한 이해가 부족하면 조직은 하나의 공동체가 아니라 각자의 책임만 다하는 '개인들의 집합체'가 되어버린다. 특히 경력자 중심의 조직에서는 시니어가 주니어를 챙겨야 할 필요성을 느끼지 못하고, 주니어는 도움을 요청하는 방법을 몰라 어려움을 겪는다. 시니어는 '꼰대'로 비칠까 조심하고, 주니어는 질문이 부끄럽거나 부담스러워 말하지 않는다. 이런 문화가 지속되면 리더에게 질문하거나 조언을 구하는 일조차 점점 어려워진다. 리더가 협업과 성장을 장려하는 분위기를 만들지 않으면 구성원들은 자신의 책임만 다할 뿐, 조직 전체의 성과와 성장에는 관심을 두지 않게 된다.

결국 조직의 미션과 비전, 리더십이 명확하지 않으면 리더의 기준이 사라지고 공정성과 객관성도 무너지게 된다. 보고 여부를 판단하지 못하거나, 보고의 방식과 내용을 정리하지 못해 회의가 반복적으로 비효율적으로 흐르게 된다. 자신의 의견과 논의할 사안을 구분하지 못하는 경우도 점차 많아진다.

혁신적인 조직일수록 변화의 속도는 빠르고 구조는 유연하다. 그러나 리더십이 명확히 정립되어 있지 않으면 조직은 성과보다는 혼란에 휘말리게 된다. 리더는 단순히 업무를 배분하는 사람이 아니라 조직의 성장을 주도하고 구성원이 역량을 최대한 발휘할 수 있도록 돕는 존재다. 이를 위해 단기적 업무 분장을 넘어 장기적 성장과 비전을 반영한 조직 운영 전략이 필요하다.

2. Aim (목표 설정하기)

명확하고 의미 있는 목표를 설정하는 것이 모든 성과 관리의 출발점이다.

조직의 미션과 비전

비전을 달성하기 위한 수단은 전략과 목표이고, 미션을 실현하기 위한 기준은 가치와 규칙이다. 가치는 미션 실현을 뒷받침하며 조직 내 의사결정과 행동의 기준이 된다. 따라서 조직은 이 가치에 기반해 규칙을 세우고, 이 규칙은 구성원의 업무 방식과 태도를 형성하는 핵심 역할을 한다. 가치는 단순한 선언이 아니라 조직 문화와 실제 행동을 연결하는 실질적인 기준이어야 한다.

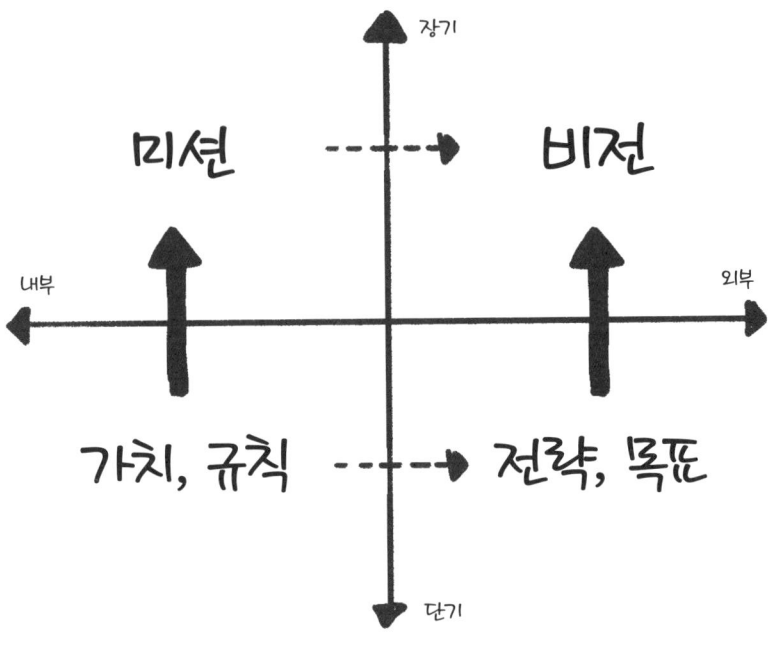

<미션과 비전의 상관 관계>

미션은 비전 실현의 핵심 토대이고, 가치는 전략과 목표 달성에 필요한 태도와 행동 기준을 제공한다. 정리하면, 비전을 이루기 위해 전략과 목표가 필요하고, 미션은 가치와 규칙을 통해 구체화된다. 이 흐름 속에서 조직 문화가 자연스럽게 형성된다.

이제 이 조직 문화를 실제 업무에 적용하려면 성과 평가 기준과 연결해야 한다. 성과 평가는 구성원이 업무를 어떻게 수행해야 하는지에 대한 명확한 기준을 제공하며, 조직의 미션과 가치가 구체적인 행동으로 이어지도록 돕는 핵심 도구다. 이를 통해 구성원은 자신의 역할이 조직 비전과 미션에 어떻게 연결되는지 인식하고 그에 부합하는 성과를 창출한다.

정량적 평가는 비전에서 출발한다. 비전을 바탕으로 전략과 목표가 설정된다. 전략은 제한된 자원 안에서 집중해야 할 우선순위를 결정하는 과정이다. 그에 따라 수립된 목표는 구성원에게 일의 방향성과 기준을 제시하며 정량적 평가의 토대가 된다.

반면 정성적 평가는 미션에서 비롯된다. 미션을 실현하기 위한 가치와 행동 기준이 조직 내 의사결정의 기준이 되며, 이에 따라 조직은 규율과 규칙을 수립한다. 이는 정성적 평가의 기반이 된다. 이는 구성원이 조직의 가치에 얼마나 부합하는 태도와 행동을 보였는지 평가하는 기준이다.

정량적 평가는 영업, 마케팅, 전략 부서처럼 수치화가 용이한 부서에서 비중이 크다. 반면 정성적 평가는 경영지원, 재무, 회계, 생산, 유지관리 등과 같이 질적 성과가 중요한 부서에서 더 큰 비중을 차지한다. 이들 부서는 성과를 단순한 숫자가 아닌 업무의 정확성, 안정성, 협업 태도, 운영 지원 등 다양한 정성적 요소를 평가해야 한다.

예를 들어 고객 서비스 부서를 정량적 지표만으로 평가할 경우 문제가 발생할 수 있다. 만약 '고객 응대 건수'만을 기준으로 평가하면 반복적인 민원을 처리한 직원이 오히려 더 높은 평가를 받는 아이러니한 상황이 발생한다. 이는 왜곡된 평가 결과를 낳을 수 있다. 따라서 고객 서비스 영역에는 정성적 요소—예컨대 고객의 감정을 헤아리는 태도, 친절한 안내, 적극적 문제 해결 자세—등이 포함되어야 한다.

각 부서는 고유한 미션이 있고 이를 실현하기 위한 방식이 가치와 규칙이다. 가치는 조직이 중요하게 여기는 철학이나 태도이며, 규칙은 이를 일상의 행동으로 구체화한 것이다. 이 요소는 해당 부서의 정성적 평가 기준이 된다. 구성원은 이를 통해 '우리는 왜 이 일을 하는가?'를 내면화해 일상 업무 속에서 자연스럽게 실천해야 한다.

미션, 가치, 비전, 전략이 명확하면 인재 채용과 선발에도 중요한 기준이 된다. 조직의 비전과 전략을 실현할 수 있는 역량뿐 아니라, 조직의 미션과 가치를 이루기 위한 태도를 갖춘 인재를 선별할 수 있기 때문이다. 단순히 일을 잘하는 사람을 넘어 조직의 문화를 함께 만들어갈 수 있는 인재를 선별하는 기준이 되는 것이다.

▎비전은 눈으로 보고 그리는 것

석공 두 명이 있었다. 관리자가 석공에게 "당신이 하는 일이 뭡니까?"라고 물었다. 첫 번째 석공은 "저는 돌을 깨는 일을 합니다"라고 답했다. 그는 자신이 맡은 업무를 그저 노동으로만 보고 있었다. 자신의 일이 조직의 큰 목적과 어떻게 연결되는지 몰랐던 것이다. 이런 경우, 그를 조직의 온전한 구성원으로 보기 어렵다. 두 번째 석공에게 관리자가 똑같은 질문을 하자, 그는 "저는 성당을 짓고 있습니다."라고 대답했다. 이 석공은 자신이 하는 일이 단순한 노동을 넘어 더 큰 의미가 있음을 알고 있었다. 각자가 맡은 직무가 무엇인지 명확히 이해하고, 그것이 조직의 비전과 어떻게 연결되는지 인식할 때 구성원은 비로소 진정한 조직의 일원이 된다.

여기서 중요한 것은 조직을 '직무들이 모여 있는 곳'으로 이해해야 한다는 점이다. 각자가 맡은 직무가 무엇인지 명확히 알고, 그 직무가 전체 비전과 어떻게 연결되는지 인식할 때 구성원은 비로소 조직의 일원이 된다. 따라서 구성원들이 회사의 비전을 알고 공유할 때 조직은 하나의 유기체처럼 직무에 따라 움직일 수 있게 된다.

그렇다면 비전이란 무엇일까? 사전적으로 '비전(Vision)'은 시력, 상상, 환상, 시야 등을 뜻한다. 이를 한 문장으로 정리하면 '무언가를 보고 그것을 그린다'는 의미이다. 즉, 함께 일하는 사람들이 같은 방향을 바라보며 그 미래를 함께 상상할 수 있어야 한다. 비전은 보이지 않는 것을 보게 해주는 힘이다. 그것은 단순한 공상을 넘어 행동을 이끄는 강력한 동기다. 비전을 세울 때는 그것이 이미지로 명확히 그려져야 한다. 예를 들어 '업계 1위가 된다', '동종 업계의 선두자가 된다', '1000억 매출을 달성한다'와 같은 표현은 머릿속에 구체적인 장면을 그리기 어렵다. 비전이 사람들의 상상력과 공감을 이끌어내려면 누구나 쉽게 머릿속에 그림을 그릴 수 있어야 한다.

미국의 35대 대통령 존 F. 케네디는 강력한 비전의 사례를 보여준다. 그는 "인간을 달에 착륙시키고 무사히 돌아오게 하겠다"는 비전을 제시했다. 국민들은 이 비전을 들었을 때 달 착륙이라는 장면을 쉽게 상상할 수 있었고 가슴이 뛰었다. 대규모 예산 투입에도 불만이 적었던 이유는 바로 비전이 국민들에게 꿈과 기대감을 주었기 때문이다.

또 다른 사례도 있다. 유치원 원장들을 대상으로 한 강의에서 한 원장님의 비전이 깊은 인상을 남겼다. 그분은 "저는 아이들이 졸업식 때 부모님 앞에서 자신의 생각을 또렷이 이야기하는 모습을 상상하면 가슴이 뜁니다"라고 말했다. 마치 그 상황에 대해 그림을 그리듯 자신의 비전을 말하는 원장님의 표정에서 나는 강한 기대감과 열정을 느낄 수 있었다.

비전은 이처럼 시각적으로 그려지고 함께 나눌 수 있을 때, 구성원에게 기대감과 자신감을 불러일으키며 강력한 동기부여를 제공한다. 또한 비전은 업무의 우선순위를 판단하고 실행할 수 있도록 명확한 방향성을 제시한다.

비전을 실현하기 위해서는 전략과 구체적인 목표가 필요하다. 전략은 비전을 구현하는 것이며, 목표는 그것을 실행에 옮기기 위한 구체적이고 명확한 단계다. 비전이 미래의 모습을 제시한다면 전략과 목표는 그 미래를 현실로 만드는 설계도라 할 수 있다.

목표의 3가지 수준(Level)

기업에서 목표는 전사 목표를 시작으로 본부, 부서, 팀(파트), 개인 목표로 점차 세분화된다. 여기서 개인 목표를 설정하기 전에 평가 기준을 명확히 정의하는 것이 필수적이다. 그럼에도 불구하고 리더가 평가 기준을 제대로 인지하지 못하거나 조직 목표와 개인 목표 간의 연계성이 부족한 경우가 적지 않다. 목표 설정이 공정하지 않거나, 정량적·정성적 기준이 불분명한 것도 문제가 된다. 일방적인 톱다운(Top-down) 방식으로 목표를 부여하거나 개인의 역량을 고려하지 않고 획일적으로 목표를 부여하는 사례도 자주 볼 수 있다. 또한 목표 조정의 기회가 없으면 조직 내 갈등과 불만이 생기기 쉽다.

  목표를 효과적으로 설정하려면 '무엇을 할 것인지(What)', '어떻게 할 것인지(How)', '어떤 수준(Level)의 목표인지'를 함께 고려해야 한다. 목표는 지시가 아니라 업무 환경과 개인의 역량을 반영한 현실적이고 실행 가능한 것이어야 한다. 목표 수준은 일반적으로 다음과 같이 세 가지로 구분할 수 있다.

Level 1: 일상적 업무 유지

이는 조직이 정상적으로 운영되기 위해 수행해야 하는 기본적인 업무를 말한다. 예를 들어 회계팀은 매월 결산을 정확히 마무리해야 하며, 영업팀은 기존 고객 관리 및 계약 갱신을 담당한다. 이러한 목표는 조직의 안정성과 운영의 연속성을 보장하는 데 필수적이다.

Level 2: 업무 개선

기존 업무를 더 효율적이고 효과적으로 개선하는 것을 의미한다. 예를 들어 물류팀은 배송 프로세스를 점검하여 낭비되는 시간을 줄일 수 있고, IT 부서는 시스템 유지보수를 넘어 자동화 도구를 도입해 작업 속도를 높일 수 있다. 이 수준의 목표는 일정 경험이 쌓인 구성원에게 적합하며, 조직의 성장을 위한 기반을 마련한다.

Level 3: 새로운 가치 창출

기존 방식에서 벗어나 혁신적인 아이디어를 적용하고, 조직에 새로운 기회를 창출하는 것을 의미한다. 예를 들어 마케팅팀은 새로운 시장을 발굴하거나 신규 광고 채널을 실험할 수 있으며, 연구개발팀은 기존 제품의 개선을 넘어 신제품 기획과 출시를 추진할 수 있다. 이러한 목표는 주로 중간 관리자 이상에게 요구되며, 조직의 전략적 방향과 연결된다.

신입사원의 경우 기본적인 업무를 익히고 안정적으로 수행하는 것이 주된 목표가 된다. 그러나 연차가 올라갈수록 단순한 업무 수행에서 벗어나 개선을 시도하고, 이후에는 조직에 새로운 가치를 창출하는 방향으로 목표의 수준과 비중이 달라져야 한다. 예를 들어 한 중견기업의 팀장은 부임 초기에는 기존 프로세스를 숙지하는 데 집중했지만, 6개월 후에는 팀의 업무 효율성을 높이는 개선 목표를 설정했고, 이후 더 높은 직책으로 승진하면서 회사의 전략과 연계된 프로젝트를 주도하게 되었다.

목표를 이렇게 단계별로 구분하고 개인의 성장 단계에 따라 비중을 조정하면 구성원은 자신의 역할과 기대치를 명확히 이해하게 된다. 단순히 '성과를 내라'는 지시보다는 '현재 단계에서 어떤 목표를 세우고, 어떻게 성장할지'를 함께 정할 때 훨씬 효과적이다. 이를 통해 구성원은 목표 달성 과정에서 자신의 성장도 함께 경험하며 궁극적으로 조직의 발전에 기여하게 된다.

▌ 성과를 만드는 힘: 실적과 선행변수 관리

성과는 단순히 실적이라는 숫자에만 국한되지 않는다. 실적은 결과적으로 드러나는 수치일 뿐이며, 그 결과를 만들어 내기까지 선행 변수들이 존재한다. 예를 들어 한 영업팀이 매출 목표를 초과 달성했다고 가정해 보자. 실적만 놓고 보면 높은 매출이 될 수 있다. 그러나 그 이면을 살펴보면 더 깊은 이해가 가능하다. 구성원들의 영업 역량 향상, 고객과의 신뢰 관계 구축, 새로운 시장 정보의 빠른 수집 및 대응, 제품 개선, 외부 환경 등 다양한 요소들이 작용했을 것이다. 이 선행변수들은 실적이라는 결과를 가능하게 만든 다양한 요인들이다.

실적은 결과이고 선행변수는 과정이자 그 결과를 만들어낸 원동력이다. 이 둘은 밀접하게 연결되어 있으며 진정한 성과 관리를 위해서는 단지 실적만이 아니라 그것을 가능하게 만든 과정과 내부 요인을 함께 평가하고 관리해야 한다. 그래야 조직은 일회성 실적이 아닌 지속 가능한 성과를 만들어낼 수 있다.

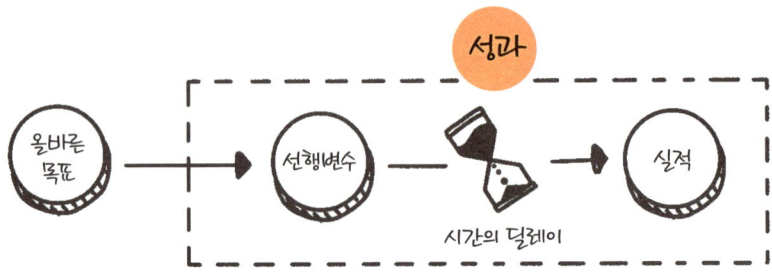

- 출처: 양정훈, 이동운 『케미스트리』

선행변수란 실적을 이루기 위한 사전적 행동이나 환경적 요소를 의미한다. 예를 들어 한 기업에서 직원 교육에 투자했지만 단기적인 실적 향상은 없었다. 그러나 시간이 지나면서 교육을 받은 직원들의 역량이 향상되었고, 결국 실적이 개선되기 시작했다. 이처럼 선행변수는 시간이 흐르면서 실적에 영향을 미치기 때문에 단기적인 결과만으로 성과를 평가해서는 안 된다.

반대로 실적이 일시적으로 좋더라도 그 과정에서 선행변수가 제대로 작동하지 않으면 지속적인 성과를 내기 어려운 경우도 있다. 한 회사에서 실적은 좋았지만 직원들의 동기부여가 낮고 업무 프로세스가 비효율적이었다. 결국 외부 요인으로 인해 반짝 실적이 나타났고, 이듬해 경기가 나빠지자 실적이 급격히 하락했다.

단기적인 결과에만 집중하는 대신, 장기적인 성장으로 연결될 수 있도록 선행변수를 관리하는 것이 중요하다. 예를 들어 한 중견기업의 영업팀이 매출 목표만 설정했을 때 일정 수준의 실적은 유지됐지만 고객 대응 능력이나 시장 분석 역량이 향상되지 않아 경쟁력이 약화된 사례가 있다. 반면 다른 영업팀은 매출 목표와 함께 고객과의 소통 능력, 협상 스킬, 시장 동향 파악 능력 등의 역량 목표도 설정하고, 지속적인 1on1 미팅과 피드백을 통해 실적뿐 아니라 팀 전체의 역량을 향상시켰다. 그 결과 고객 만족도와 재구매율이 상승하는 성과로 이어졌다.

한 제약회사의 영업담당 임원으로 10년 넘게 재직한 사람이 있다. 그는 실적으로 직원들을 압박하지 않았다고 말한다. 대신 직원 개개인의 역량에 철저히 집중했는데, 그것이 오랜 기간 영업 부서에서 임원으로 자리 잡을 수 있었던 비결이라고 밝혔다.

이러한 접근은 일상생활에서도 유효하다. 예를 들어 체중 감량을 목표로 삼았을 때 단순히 숫자만 관리하는 것이 아니라 올바른 식습관 형성이나 꾸준한 운동 루틴 같은 선행변수를 관리하는 것이 핵심이다. 그렇게 할 때 비로소 단기적인 감량 효과를 넘어서 건강한 라이프스타일로 연결되는 변화를 만들어낼 수 있다.

결국 목표를 설정할 때는 단순한 수치 중심의 실적만이 아니라, 그 성과를 가능하게 만드는 선행변수들을 함께 개발하고 관리해야 한다. 실제로 많은 기업들이 이를 위해 1on1 미팅을 운영하고 있으며 바로 이것이 진정한 의미의 성과 관리이다.

구성원의 역량 성장을 디자인하기

한 해 동안 팀의 목표를 설정할 때는 단순히 매출이나 실적과 같은 수치만을 고려하는 것이 아니라, 각 구성원의 핵심 역량이 얼마나 성장할 것인지도 함께 고민해야 한다. 예를 들어 영업팀이 '신규 거래처 10개 확보'를 목표로 삼는다면, 단순히 숫자만을 목표로 설정하는 것이 아니라 이 목표를 달성하기 위해 필요한 핵심 역량이 무엇인지 정의하고, 그 역량을 어느 수준까지 끌어올릴 것인지 함께 설정하는 것이 중요하다. 예를 들어 기획력, 실행력, 설득력이 영업팀의 주요 역량이라고 생각해 보자.

기획력이란 목표 달성을 위한 전략을 수립하고 이를 체계적으로 정리하여 실행 계획으로 연결하는 능력을 말한다. 기획력이 낮은 사람은 주어진 업무만 소화하지만, 기획력이 높은 사람은 프로젝트의 큰 그림을 그릴 수 있고 논리적인 전략을 스스로 세울 수 있다. 실행력은 계획을 실제 행동으로 옮기는 능력이다. 실행력이 낮으면 계획에 머무르거나 업무 속도가 더디다. 하지만 실행력이 높은 경우에는 빠르고 정확하게 업무를 수행하며 예상치 못한 변수에도 유연하게 대처할 수 있다. 설득력은 상대방에게 필요한 정보를 적절히 전달하고 논리적이면서도 감성적으로 접근하여 원하는 결과를 이끌어내는 능력이다. 설득력이 부족하면 자신의 의견을 효과적으로 전달하지 못하지만, 설득력이 높은 사람은 고객, 파트너, 경영진 등 다양한 이해관계자를 움직일 수 있다.

이처럼 명확하게 정의된 3가지 역량은 구성원의 성장을 구조적으로 관리하기 위한 기준이 되며, 각 역량은 5점 척도로 구분해 수준을 진단하고 개선 방향을 설계할 수 있다. 이 과정을 통해 단순한 수치 목표를 넘어서 팀 전체의 성장과 성과를 함께 이끌어낼 수 있다.

기획력

1.0: 기본적인 자료 정리 수준, 새로운 기획은 어려움

2.0: 단순한 업무 계획 가능, 세부 전략 수립에는 미숙함

3.0: 팀 단위의 기획 주도, 체계적인 기획서 작성 가능

4.0: 중장기 목표와 연계된 전략적 기획 가능

5.0: 신규 사업과 조직 성장을 위한 고도화된 전략 수립 가능

실행력

1.0: 지시받은 업무는 수행하나 속도와 품질이 일정하지 않음

2.0: 기본적인 업무는 일정에 맞춰 수행, 문제 대처에는 어려움

3.0: 계획한 업무를 높은 완성도로 수행하며 일정 조율 가능

4.0: 돌발 상황에도 유연하게 대처, 팀 내 실행을 주도함

5.0: 복잡한 프로젝트를 효율적으로 운영, 조직 실행력을 향상시킴

> **설득력**
>
> 1.0: 의견 정리에 어려움, 설득 경험 부족
>
> 2.0: 단순 설명 가능하나 반론 대응은 미흡
>
> 3.0: 고객이나 동료 설득 가능, 명확한 논리 전달
>
> 4.0: 상대 기업 임원을 설득하며 신뢰를 구축
>
> 5.0: 핵심 의사결정자 설득, 조직 간 협상을 주도

이 기준을 바탕으로 구성원들의 역량을 평가하고 연간 목표를 구체적으로 설정할 수 있다. 예를 들어 A 사원의 전년도 역량이 기획력 2.0, 실행력 3.5, 설득력 2.0이었다면, 올해는 기획력 2.5, 실행력 4.0, 설득력 3.0을 목표로 설정할 수 있다. 이는 단순히 더 많은 업무를 부여하는 것이 아니라, A 사원이 더 큰 프로젝트를 기획하고 실행 속도를 높이며 대외 소통 역량을 강화하도록 성장의 방향을 제시하는 것이다.

개별 구성원의 역량 수준이 명확해지면 그들의 역량 분포도 파악할 수 있다. 리더는 이를 바탕으로 프로젝트에 대한 예측 가능성과 실행력을 확보하게 된다. 동시에 필요한 역량을 보완하거나 적재적소에 인력을 재배치하는 전략적 판단도 가능해진다.

성과가 단순한 결과 측정에 그치지 않고 성장의 방향을 제시하는 도구가 될 때 구성원은 자신의 강점과 보완점을 더 명확히 인식하고 목표 설정에 더 주도적으로 참여하게 된다. 이렇게 구성원 개인의 성장이 체

계적으로 설계되면, 팀은 수치적 성과와 함께 동기와 역량 면에서도 함께 성장하게 된다. 진짜 성과는 숫자에 있는 것이 아니라, 그 숫자를 만들어낸 '구성원의 역량'에 있다.

로직트리로 업무 효율성을 높이기

구성원이 자신의 업무를 명확히 이해하는 효과적인 방법 중 하나는 로직트리를 활용해 업무를 시각화하는 것이다. 로직트리는 업무의 구조를 한눈에 보여주고, 각 업무 간의 연결 관계를 명확히 정리할 수 있도록 도와준다. 예를 들어, 한 기업의 신입사원이 자신의 역할을 이해하지 못하고 혼란스러워했던 적이 있다. 그는 하루에도 여러 가지 일을 수행하면서 어떤 업무가 중요한지, 우선순위를 어떻게 정해야 하는지 알지 못했다. 이때 팀장이 로직트리를 활용해 업무를 함께 정리해보았고 신입사원은 이를 통해 자신의 업무가 어떻게 구성되어 있고 어떤 순서로 처리해야 하는지 명확히 이해하게 되었다.

로직트리는 업무의 흐름과 중요도를 쉽게 파악하게 해준다. 한 마케팅팀이 각자의 업무를 정리하는 시간을 가졌을 때, 처음에는 업무가 많고 복잡해 보였지만 로직트리로 정리하자 대부분의 업무가 '브랜드 인지도 향상'이라는 하나의 큰 목표와 연결되어 있음을 발견했다. SNS 운영, 콘텐츠 기획, 광고 캠페인 등 개별 업무들이 어떻게 서로 연계되어 있는지를 시각화함으로써 불필요한 작업을 줄이고 협업이 필요한 지점을 명확히 알 수 있었다.

로직트리는 중복 업무를 발견하는 데에도 유용하다. 한 IT 기업의 개발팀이 각자 수행하는 프로젝트를 로직트리로 정리해본 결과, 유사한 기능을 중복 개발하고 있다는 사실을 알게 되었다. 이를 계기로 네 파트로 운영되던 것을 세 파트로 재편성하면서 업무 중복은 줄고 효율성은 높아졌다. 직원 간 역할도 명확해져 협업이 더욱 원활해졌고, 각자의 역할이 어떻게 연결되는지 시각적으로 인식함으로써 업무 수행의 주도성도 향상되었다.

개인의 성장 측면에서도 로직트리는 긍정적인 영향을 미친다. 한 경영지원팀 직원은 자신의 업무를 단순 반복 작업으로만 인식하고 있었지만 로직트리로 업무를 구조화하면서 개선 가능성을 발견했다. 그는 새로운 프로세스를 도입해 단순한 문서 작업을 넘어 데이터 분석과 프로세스 개선이라는 새로운 역할을 맡게 되었고, 이는 업무에 대한 시야를 넓히는 계기가 되었다. 로직트리는 단순히 업무를 나열하는 도구가 아니라 핵심 업무를 식별하고 발전 가능성을 탐색하는 기반이 될 수 있다.

한편, 많은 리더들이 로직트리로 자신의 업무를 정리할 때 간과하는 부분이 있다. 바로 '직원 육성'이다. 그들에게 빠진 이유를 물으면 "그건 말씀하신 적이 없어서 넣지 않았습니다"는 말을 듣는다. 이는 리더가 직원 육성을 본질적인 업무가 아닌 부가적인 업무로 인식하고 있음을 보여준다. 그러나 구성원 육성은 리더의 중요한 본질적 업무 중 하나라는 점을 잊지 말아야 한다.

로직트리는 단순한 업무 정리를 넘어 개인과 조직이 효과적으로 일할 수 있도록 돕는 강력한 도구다. 자신의 업무가 조직 내에서 어떻게 연결되어 있는지를 인식하면 불필요한 혼란이 줄고 주도성은 자연스럽게 높아진다. 그 결과, 개인은 자신의 역할을 더 깊이 이해하고 조직을 더 나은 방향으로 이끄는 데 기여하는 실용적인 도구가 된다.

정성적 평가 기준 설정하기

성과 평가의 핵심은 구성원들이 평가 기준을 명확히 이해하고, 그것이 공정하게 적용된다고 믿을 수 있도록 만드는 데 있다. 그 출발점은 목표와 기대치를 명확히 설정하는 것이다. 그런 점에서 정성적 목표는 조직의 미션과 연결된다. 조직이 미션을 실현하기 위해서는 가치를 정의하고, 그 가치에 기반해 행동 규칙을 설정해야 한다. 이러한 가치와 규칙은 구성원의 태도와 행동에 영향을 미치며 결국 조직문화의 근간이 된다. 예를 들어 '고객 만족을 최우선으로 한다'는 미션을 가진 조직에서는 고객의 목소리를 귀 기울여 듣고 자발적으로 서비스 개선에 나서는 태도가 정성적 목표로 설정될 수 있다.

성과 평가는 평가자가 피평가자의 업무 수행을 주의 깊게 관찰하고 객관적인 사실에 근거해 이루어져야 한다. 평가자는 개인적인 편견이나 일시적인 인상에 흔들리지 않아야 하며 평가 기준과 항목을 명확히 이해하고 일관되게 적용해야 한다. 예를 들어, 한 직원이 높은 업무 성과를 보였지만 협업 태도에서 부족함이 있었다면, 단순히 정량적 실적만으로 평가를 끝내기보다는 협업과 관련된 개선 방향에 대한 정성적 피드백도 함께 제시해야 한다. 이처럼 구체적인 피드백과 방향을 제시할 때 구성원은 자신의 역할 수행을 위해 조직에서 중요한 가치를 명확히 인식하고 업무를 수행할 수 있다.

성과 평가는 단순히 보상과 등급을 매기기 위한 절차가 아니다. 그러나 보상 및 승진과의 연계성이 약하면 평가 자체에 대한 구성원의 몰입도와 신뢰도가 떨어질 수밖에 없다. 평가의 본질적인 목적은 구성원의 성장을 돕고 동기를 부여하여 조직 전체의 성과를 극대화하는 데 있으며, 동시에 리더가 원하는 팀과 조직 문화를 만들어가는 중요한 수단이기도 하다. 따라서 정성적 평가 항목을 설계할 때는 다음과 같은 질문에서 출발해야 한다.

- 우리 팀(조직)이 존재하는 이유는 무엇인가?
- 그러한 팀(조직)이 되기 위해 지켜야 할 가치는 무엇인가?
- 그 가치를 실현하기 위해 일상에서 지켜야 할 구체적인 행동 규칙은 무엇인가?

이 질문들에 대한 명확한 정의 없이 정성적 평가 항목을 만들면 기준이 모호해지고 평가 과정에서 혼란이 생긴다. 정성적 평가는 반드시 조직의 미션과 연결되어야 하며, 그것이 실제로 어떤 행동으로 나타나야 하는지 구체적으로 설계되어야 한다. 따라서 리더는 연초에 구성원들과 함께 명확한 목표를 세우고, 중간 점검을 통해 진행 상황을 확인하며, 연말에는 성과와 개선점을 종합적으로 피드백해야 한다. 이 모든 과정이 진정성 있게 이루어질 때 구성원들은 자신의 역할에 자신감을 갖게 되고 조직은 신뢰와 몰입을 바탕으로 지속 가능한 성장의 선순환을 만들어갈 수 있다.

기업의 핵심가치, 돈 보다 중요한 것

기업에서 핵심 가치는 의사결정의 기준이 된다. 이는 조직에 속한 모든 구성원이 공통된 원칙 아래에서 판단하고 행동할 수 있도록 돕는 역할을 한다. 핵심 가치는 조직이 추구하는 철학을 다음 세대에 전하는 메시지이다. 쉽게 말해 돈보다 우선시되는 원칙이다. 예를 들어 고객에 대한 '신뢰'를 핵심 가치로 삼는 회사라면 손해를 보더라도 그 신뢰를 지키는 결정을 내린다.

대표적인 사례로 1982년 존슨앤드존슨에서 발생한 타이레놀 청산가리 사건이 있다. 회사는 '고객 안전을 최우선으로 한다'는 핵심 가치에 따라 전 제품을 자발적으로 회수하고 안전 포장을 도입했다. 이는 막대한 비용이 들었지만 고객의 신뢰를 회복하고 위기를 기회로 바꾸는 전환점이 되었다. 이처럼 핵심 가치는 기업이 실질적인 의사결정을 내릴 때 돈보다 더 본질적인 기준이 된다.

한 번은 여름 휴가 때 가족과 함께 강원도 평창의 성 필립보 생태마을에 다녀온 적이 있다. 그곳은 산속 깊숙한 곳에 위치해 도시의 편의시설은 부족했지만 맑은 공기와 자연의 고요함이 모든 불편함을 잊게 만들었다. 특히 인상 깊었던 것은 그곳에서 일하는 사람들의 태도였다. 그들은 작은 일에도 성심껏 도와주었고 진심이 느껴지는 친절로 방문객을 맞이했다. 모두가 공동체처럼 지내는 모습에서 깊은 울림을 받았다. 그들이 그렇게 일할 수 있었던 이유는 바로 조직을 이끄는 '가치'에 있었다. 조직은 어떤 가치를 중심에 두느냐에 따라 문화와 방향성이 결정된다. 리더의 말보다 구성원의 행동이 조직문화를 더 분명하게 보여준다.

조직의 핵심 가치는 구성원의 가치로 내재화될 때 더욱 강력한 힘을 발휘한다. 사람들은 단지 생계를 위해 일하는 것이 아니라 자신이 중요하게 여기는 가치가 조직의 가치와 맞닿아 있기를 바란다. 조직의 핵심 가치가 단순한 표어가 아니라 실제 행동으로 체화 될 때, 구성원은 조직이 자신과 같은 방향을 바라보고 있다고 느끼며 강한 소속감을 갖게 된다.

파타고니아는 '환경 보호'를 핵심 가치로 삼고 직원들이 이 가치를 실천하는 데 자부심을 느낄 수 있도록 적극적으로 지원한다. 직원들은 회사를 위해 일하는 것뿐만 아니라 자신이 믿는 가치를 실현하는 과정에 참여하고 있다고 느낀다. 이로 인해 강한 소속감이 형성되고 조직의 목표를 자신의 목표처럼 받아들이게 된다.

결국 조직의 가치는 구성원이 자신의 가치를 실현할 수 있도록 연결될 때 가장 강력한 동력이 된다. 개인이 조직과 같은 방향을 바라본다고 느낄 때 소속감이 생기고 심리적 안전감을 바탕으로 적극적으로 참여하고 기여하게 된다. 조직의 성장은 시스템만으로 이루어지지 않는다. 구성원들이 조직의 핵심 가치를 공유하고 실천할 때 비로소 가능해진다.

숫자를 넘어, 가치로 일하기

정성적 목표는 숫자로 환산하기 어려운 조직의 가치, 관계, 태도와 같은 요소를 반영하여 조직과 개인이 장기적으로 성장할 수 있도록 돕는다. 정성적 평가를 효과적으로 설정하려면 우선 조직이나 팀의 미션을 명확히 정의해야 한다. 그리고 그 미션을 실현하기 위한 핵심 가치를 도출하고, 그 가치에 기반한 구체적인 행동 규칙을 설정해야 한다. 예를 들어, 어떤 팀의 미션이 '지속적인 사업 성장을 위해 기존 사업을 확장하고 새로운 사업을 발굴하는 것'이라면, 이를 뒷받침하는 핵심 가치는 '팀워크'가 될 수 있다.

이때 단순히 '협업을 잘한다'는 모호한 표현보다는 협업이 실제로 어떻게 드러나야 하는지 명확히 정의해야 한다. 예를 들어 팀워크를 '공동의 목표를 위해 서로 긴밀하게 협력하는 것'으로 정의하고 다음과 같은 행동 규칙을 설정할 수 있다.

- 첫째, 팀원 간 지속적이고 개방적인 대화를 유지하며, 업무 관련 정보를 투명하게 공유한다.
- 둘째, 각자의 역할과 책임을 명확히 하고, 역할 중복이나 갈등을 예방하기 위해 팀원 간 기대치를 공유한다.
- 셋째, 팀원들이 공동의 목표를 이해하고 이를 달성하기 위해 헌신할 수 있도록 신뢰와 상호 지원의 문화를 조성한다.

이러한 규칙은 직관적이고 실천 가능한 슬로건 형태로 바꾸어야 모든 구성원이 쉽게 기억하고 실천할 수 있다.

- 첫째, "일은 나 혼자 못 한다. 입 열고 공유하자!"
- 둘째, "'그거 내 일이야?' 묻기 전에 역할부터 맞추자!"
- 셋째, "신뢰는 성과의 시작! 서로 도우면 길이 보인다!"

이처럼 명확히 정의된 규칙을 기준으로 정성적 목표를 설정하면, 평가 시에도 보다 구체적이고 공정한 기준을 적용할 수 있다. 예를 들어 위의 세 가지 규칙을 바탕으로 팀원들의 실천 수준을 5점 척도로 평가한다. 정보를 적극적으로 공유하고 협업을 이끈 구성원은 높은 점수를 받을 수 있지만, 반대로 소통과 협력이 부족한 구성원은 낮은 평가를 받게 된다. 이 방식은 정성적 평가에 객관성과 수용 가능성을 더해준다.

정성적 목표를 평가할 때 가장 중요한 것은 '사람'을 평가하는 것이 아니라, 조직이 중요하게 여기는 가치와 행동을 강화하는 데 초점을 맞추는 것이다. 잘 설계된 정성적 목표는 구성원들이 자연스럽게 조직이 원하는 방향으로 행동하게 하며, 그 결과 조직의 미션도 지속적으로 달성하게 된다. 정성적인 목표는 숫자로는 측정하기 어려운 부분이지만 조직의 지속 가능한 성공을 위해 반드시 필요하다.

가치를 업무에 적용하기

가치는 조직이 별도로 관리하는 항목이 아니라 구성원이 매일 수행하는 업무 속에 자연스럽게 녹아 있어야 한다. 만약 핵심 가치가 일상 업무와 분리되어 있다면 구성원들은 이를 실제 행동이 아닌 형식적인 구호로 받아들이게 된다. 조직문화가 말이 아니라 행동으로 이어지려면 각자의 역할과 책임 안에서 가치가 실천될 수 있는 구조가 필요하다.

듀폰(DuPont)은 '모든 일의 시작은 안전이다'를 조직문화의 핵심 가치로 삼고, 이를 단순한 규정이나 지침으로 관리하지 않고 업무 방식에 내재화했다. 단지 안전 교육을 강화하는 데 그치지 않고 현장의 라인 매니저들에게 내부 컨설턴트의 역할을 부여하여 업무 속에서 직접 안전 문화를 실천하고 관리하도록 했다.

현장에서는 실제 작업을 수행하는 매니저들이 안전을 책임지고, 이를 업무 프로세스의 핵심 요소로 포함시키고 있다. 이들은 헬멧 착용, 보호구 확인, 규정 준수와 점검 등 일상적인 행동에서 모범을 보임으로써 현장에 안전문화가 뿌리내리게 하였다. 아울러 안전 지표는 중요한 평가 항목에 포함되어 있으며 잠재 위험 예방 활동이 얼마나 이루어졌는지도 함께 평가한다. 그리고, 위험 제보나 개선 아이디어 제출 같은 직원 참여 활동을 장려하고 있으며 이에 대한 보상 역시 체계적으로 이루어졌다.

그 결과 '안전'은 별도의 교육이나 보고 절차가 아닌 일상 업무의 기본 원칙으로 자리 잡게 되었다.

만약 듀폰이 안전을 강조하면서도 그것을 별도의 규정이나 전담 부서에서만 관리했다면 안전은 단지 형식적인 절차로 인식되었을 것이다. 구성원들 역시 이를 실제 업무와 무관한 '관리 문서' 정도로 여기며 실천 동기를 느끼지 못했을 가능성이 크다. 그러나 듀폰은 라인 매니저들을 조직문화의 전파자로 세워 안전이 현장의 필수 가치로 정착되도록 했다.

이처럼 조직문화는 반복적인 구호나 교육만으로는 자리 잡을 수 없다. 조직의 핵심 가치는 구성원들이 매일의 업무 속에서 직접 실천하고 경험할 수 있어야 하며, 그것이 일의 방식 안에 자연스럽게 녹아들 때 비로소 지속적이고 실질적인 영향력을 발휘하게 된다. 듀폰은 '가치'를 업무 시스템, 리더십, 평가 기준, 교육, 문화에 일관되게 연결시킴으로써 안전을 진정한 조직문화로 만들어냈다.

공정한 업무 분장을 위한 4단계 프로세스

공정한 업무 배분을 위해서는 목표 설정 초기 단계에서 팀원들과 함께 업무를 공유하고, 서로의 목표를 명확히 인식하는 과정이 필요하다. 이때 팀원들이 직접 업무를 선택하고 조율하는 방식은 공정성을 높이는 동시에 자발적인 참여를 이끌어낸다. 이 과정은 네 단계로 구성된다.*

첫 번째 단계는 '업무 나열'이다. 팀에서 수행해야 할 모든 업무를 빠짐없이 정리하는 것으로 시작한다. 종이나 포스트잇 등을 활용해 하고 싶은 업무와 반드시 해야 하는 업무를 구분하여 시각적으로 정리하고 팀원들이 쉽게 볼 수 있도록 벽면 등에 게시한다. 이때 표현이 명확한지 점검하며 누락된 업무가 없는지 확인한다. 이어서 업무의 중요도와 긴급도를 기준으로 사분면을 나누고 우선순위가 높은 핵심 업무를 표시해 팀원들이 업무의 시급성과 중요도를 한눈에 볼 수 있도록 한다.

두 번째 단계는 '개인별 업무 선택'이다. 이 단계의 핵심은 자발성이다. 각 팀원은 자신이 수행하고 싶은 업무 옆에 이름을 적는다. 특정 업

---
* 구기욱 『쿠's 퍼실리테이션』

무에 인원이 몰리거나 아무도 선택하지 않은 업무가 있다면 이후 조정 과정을 통해 균형을 맞춘다. 이때 "하기 싫은 업무를 억지로 하는 것보다 자발적으로 선택하는 것이 중요합니다"라고 안내해 강요가 아닌 자율성을 기반으로 업무가 배분되도록 한다.

세 번째 단계는 '필요한 조정 논의'다. 모든 업무가 균등하게 나뉘기는 어렵기 때문에 선택되지 않은 업무나 과도하게 몰린 업무에 대해 조율이 필요하다. 선택하지 않은 이유를 파악하고 업무량 부담, 역량 부족, 평가에 대한 부담감 등 다양한 의견을 수렴한다. 이후 협조 요청, 업무 교환, 업무 분량 조정, 보상 방안 제시 등 실질적인 조정을 통해 공정성을 확보한다.

네 번째 단계는 '최종안 확정'이다. 이 단계에서는 모든 팀원이 배분된 업무에 동의하고 만족하는지 확인하고 남은 이슈가 있다면 이전 단계로 돌아가서 다시 논의해 해소한다. 공정한 배분이 이루어졌다고 판단되면, 이를 함께 축하하며 업무 분장 회의를 마무리한다.

이처럼 자발적 선택을 기반으로 한 업무 배분은 구성원에게 책임감을 부여하고 조직 내 협업 문화를 더 건강하게 만드는 기반이 된다. 타인이 정해준 역할이 아닌 스스로 선택한 업무에 더 큰 몰입감과 주도성을 가지고 임하게 된다.

3. Connection (연결하기)

목표와 개인, 팀의 가치를 지속적으로 연결할 때 목표 달성 가능성이 높아진다.

> 코칭은 작전 타임이다.

업무 중 진행하는 코칭은 마치 스포츠 경기 중 감독이 선수들에게 전략을 조정하고 방향을 제시하는 '작전 타임'과 같다. 경기에서 선수가 목표(B)를 향해 나아가기 위해서는 현재 자신의 위치(A)를 정확히 인식하고 최적의 경로를 찾아야 한다. 코칭 또한 구성원이 자신의 현재 위치를 인식하고 목표를 명확히 설정하도록 돕는 과정이다. 이때 리더는 정답을 제시하는 사람이 아니다. 현재(A)에서 목표(B)로 가는 여정에서 다양한 방법을 함께 모색하고, 각 방법의 장단점을 분석하여 최선의 선택을 돕는 조력자이다.

　예를 들어, 한 직원이 새로운 프로젝트를 맡아 성공적으로 완수하는 것이 목표라면, 리더는 "지금 업무의 우선순위는 무엇인가?", "어떤 부분에서 도움이 필요한가?", "이 과정에서 무엇을 배울 수 있을까?"와 같은 질문을 던져야 한다. 이처럼 질문을 통해 방향을 조정하고 전략을 세울 수 있도록 도와야 한다. 작전 타임의 본질은 지시하는 것이 아니라 '점검'하고 '설계'하는 데 있다.

　비즈니스에서도 목표를 달성하려면 실행이 필요하지만, 단순히 '알고 있음'이 바로 '행동'으로 이어지지는 않는다. 많은 선수들이 전략을 숙지한 상태로 경기에 임하지만, 실전에서 이를 효과적으로 활용하지 못하는 경우가 많듯이 업무에서도 직원들이 개선해야 할 점을 인식하고 있으면서도 쉽게 행동으로 옮기지 못하는 일이 자주 발생한다. 이럴 때 코칭은 유연하게 실행하도록 지원하는 중요한 전환점이 된다.

　예컨대, 한 신입사원이 보고서 작성 방식을 개선해야 한다는 점을 알고 있었지만 익숙한 방식에 머물러 쉽게 변화를 시도하지 못한 일이 있었다. 상사가 "이렇게 하면 더 좋아"라고 말했을 때는 별다른 변화가 없었지만 "보고서를 읽는 사람이 진짜로 궁금한 건 무엇일까?", "현재 방식에서 개선할 수 있는 부분은 무엇일까?"와 같은 질문을 통해 스스로 점검하게 하자 자연스럽게 더 나은 방식으로 바뀌었다. 이는 경기

중 감독이 "슛을 넣어라"라고 단순히 지시하기보다 "어떤 각도에서 슛을 하면 성공 확률이 높을까?"라는 질문이 더 효과적인 이유와 같다.

결국 코칭은 단순한 지식 전달이 아니라 구성원이 스스로 최적의 전략을 찾고 실행에 옮기도록 돕는 '작전 타임'이다. 업무의 흐름 속에서 잠시 멈춰 방향을 조정하고 현재의 위치와 목표를 다시 확인하며 가장 적합한 방법을 함께 찾는 시간이다. 구성원이 보다 능동적으로 문제를 해결하고 조직과 함께 성장하는 주체가 된다.

목표를 성과로 만드는 '연결(Connection)'

목표를 설정한 후 리더의 핵심 역할은 구성원들이 그 목표와 지속적으로 연결(Connection) 될 수 있도록 돕는 것이다. 목표는 단지 세운다고 해서 저절로 달성되지 않는다. 구성원들이 목표를 잊지 않도록 리더는 피드백을 지속적으로 제공하고 필요에 따라 상황을 조율해야 한다.

예를 들어, 한 기업에서 연초에 대형 프로젝트 목표를 세웠지만 중간점검 없이 연말에만 평가를 진행했다. 그 결과 구성원들은 목표를 잊거나 중간에 발생한 문제를 적시에 해결하지 못해 기대에 미치지 못하는 성과를 내고 말았다. 이후 리더는 매주 1on1 미팅을 통해 구성원의 진행 상황을 점검하고 피드백을 제공하는 방식으로 운영 방식을 전환했다. 그 결과 구성원들은 목표를 더 명확히 인식하고 적극적으로 참여하기 시작했다.

'연결'은 업무 점검이 아니다. 그것은 현재 수행 중인 업무가 상위 목표와 어떻게 연결되어 있는지 함께 점검하고 조율하는 과정이다. 한 IT 기업에서는 개발자들이 단기 작업에만 몰두한 나머지 장기 목표를 놓치는 경우가 잦았다. 이를 해결하기 위해 리더는 매주 30분씩 개별 면담을 진행하며 각자의 업무가 전체 프로젝트와 어떻게 연결되는지 함께 검토했다. 이 과정을 통해 개발자들은 자신의 업무가 팀 성과에 어떤 영향을 주는지를 깊이 이해하게 되었고 목표에 대한 몰입도 역시 높아졌다.

이러한 연결을 유지하기 위해 반드시 필요한 것이 '피드백'이다. 피드백은 목표의 방향성을 점검하고 구성원에게 동기를 부여하는 핵심 도구다. 한 제조업체에서는 새로운 프로젝트를 맡은 직원이 중간에 방향을 잃었지만, 이를 세심하게 살핀 팀장은 수시로 진행 상황을 확인하며 작은 성과에도 격려와 피드백을 아끼지 않았다. 그 결과 직원은 실수를 두려워하지 않고 적극적으로 도전하여 결국 프로젝트를 성공적으로 마무리했다.

리더는 단순히 지시를 내리는 사람이 아니라 코칭 대화를 통해 구성원의 성장을 돕는 조력자다. 예를 들어 팀장이 신입사원과 정기적인 1on1 미팅을 통해 목표를 점검하고 성장 방향을 함께 탐색하는 방식은 매우 효과적이다. 또 다른 예로, 프랜차이즈 대표가 일정 기간 고객 만족도를 모니터링한 뒤 직원들과 함께 서비스 개선 방안을 논의하는 것도 리더십의 실천적 연결이라 할 수 있다.

결국 리더의 역할은 목표를 세우는 데서 끝나지 않는다. 구성원들이 그 목표를 끊임없이 인식하고 실현할 수 있도록 '연결'하고 '조율'하는 데 있다. 피드백과 코칭이 지속적으로 이루어질 때 구성원은 목표를 잊지 않고 몰입하며 조직과 함께 성장하게 된다. 이 연결을 가능하게 하는 가장 강력한 수단이 바로 1on1 미팅이다.

1on1미팅: 성장을 이끄는 리더의 핵심 도구

1on1 미팅은 1980년대 인텔의 CEO였던 앤디 그로브(Andy Grove)가 도입한 개별 소통 방식이다. 그는 관리자와 구성원 간 정기적인 대화가 중요하다고 강조했다.[*] 이후 구글, 애플, 페이스북 등 실리콘밸리 기업들이 이를 핵심 인재 관리 도구로 채택하면서 다양한 산업으로 확산되었다.

1on1의 핵심은 구성원의 성장을 돕기 위한 '개인 맞춤형 소통'에 있다. 단순한 업무 지시나 성과 평가의 시간이 아니라 업무 진행 상황, 경력 개발, 심리적 어려움 등 다양한 이슈를 깊이 있게 다루는 시간이다. 이 과정을 통해 구성원은 심리적 안전감과 동기를 얻고 리더와 신뢰를 쌓을 수 있다.

오늘날 많은 기업이 1on1을 핵심 문화로 운영하고 있다. 예를 들어 구글은 매주 또는 격주로 미팅을 진행하며 리더가 질문을 통해 구성원의 자발적인 성찰과 문제 해결을 안내한다. 어도비(Adobe)는 연간 평

---

[*] 앤드루 S. 그로브 『하이 아웃풋 매니지먼트』

가를 없애고 정기적인 피드백 중심의 1on1을 운영하고 있다. 넷플릭스는 구성원의 요청과 리더의 책임을 솔직하게 주고받는 문화 속에서 1on1을 실천하고 있다. 이처럼 1on1 미팅은 단기적인 관리 수단을 넘어 장기적인 성장과 성과 향상을 위한 전략적 도구이다. 그러나 효과적으로 운영하기 위해 몇 가지 핵심 원칙을 지켜야 한다.

첫째, 미팅을 위한 3가지 환경을 조성해야 한다. 그것은 물리적, 심리적, 관계적 환경이다. 물리적 환경은 소음이나 다른 사람의 시선으로부터 자유로우며, 다과나 커피 등으로 편안함을 주는 환경을 마련해야 한다. 심리적 환경은 구성원과 나누는 대화는 비밀이 유지되어야 한다. 그래야 안정감을 가지고 대화가 이어질 수 있다. 관계적 환경은 리더와 구성원이 신뢰를 바탕으로 솔직한 생각과 고민을 나눌 수 있을 때 훨씬 효과적이 된다.

둘째, 미팅은 구성원을 중심으로 주기적이고 계획적으로 진행되어야 한다. 일반적으로 주 1회 또는 격주 1회가 적절하며 시간은 30분 정도가 적당하다. 리더는 구성원의 이야기와 요청에 집중해 경청해야 한다. 구성원이 먼저 업무 진행 상황과 요청 사항을 이야기하고 리더는 필요한 피드백과 정보를 제공하는 흐름이 일반적이다.

셋째, 미팅은 사전 준비가 중요하다. 미팅의 목적과 기대 효과, 주제 등을 구성원과 미리 공유해야 한다. 그리고 '리더의 관리 시간'이 아닌 '구성원과 함께 만드는 성장의 시간'임을 명확히 인식시켜야 한다. 가능하면 일정은 고정하여 취소 없이 운영하는 것이 중요하다.

마지막으로, 미팅 이후에는 회의록을 신속히 공유하고 실행 과제를 정리한다. 다음 미팅 일정도 함께 확정해 1on1이 정례적인 활동으로 인식되도록 해야 한다. 실행 항목은 일상 보고나 팀 회의 등을 통해 점검하고 필요한 지원을 제공하여 구성원이 실질적인 성장을 이룰 수 있도록 해야 한다.

1on1 미팅은 단순한 커뮤니케이션을 넘어 구성원의 성장과 조직의 지속 가능한 성과를 함께 실현하는 리더십의 실천 도구이다. 효과적인 운영은 구성원의 몰입도와 업무 만족도를 높이며 리더로서의 신뢰와 건강한 조직문화를 구축하는 데 핵심적인 역할을 한다.

더닝-크루거 효과를 극복하기

업무를 하다 보면 구성원이 슬럼프에 빠지거나 기대만큼 성과가 나오지 않아 어려움을 겪는 일이 흔하다. 이러한 현상은 더닝-크루거 효과(Dunning-Kruger Effect)와 관련이 있다. 더닝-크루거 효과란 경험이 적을 때 자신의 능력을 과대평가하다가 실력을 쌓아가면서 자신이 모르는 것이 많다는 사실을 인식하게 되면서 자신감이 급격히 떨어지는 현상을 말한다. 이는 코칭 현장에서 자주 나타나며, 특히 새로운 역할을 맡거나 도전적인 업무에 직면한 구성원에게 흔히 발생한다.

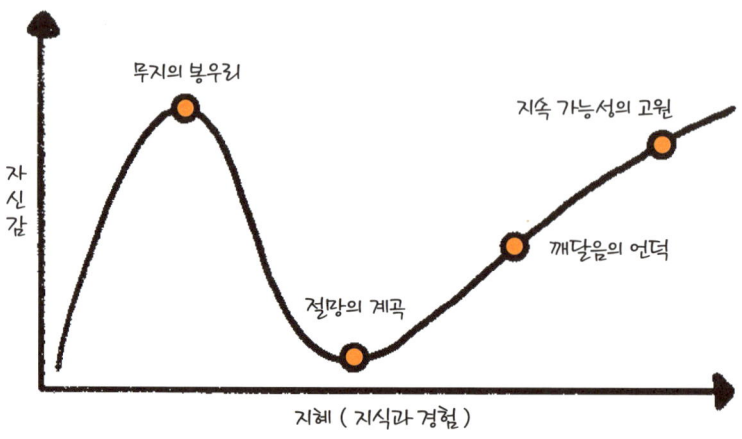

- 출처: Dunning-Krugger, Nobel Prize Psycholoagy, 2000

예를 들어, 한 구성원이 업무 초반에는 자신감 있게 빠르게 일을 처리했지만, 시간이 지날수록 복잡한 업무 구조와 예기치 못한 변수들을 마주하며 점점 위축되었다. 처음에는 '이 정도는 할 수 있어'라고 여겼지만(무지의 봉우리) 업무의 깊이를 알게 될수록 실수가 늘어나고 스스로에 대한 확신을 잃기 시작한 것(절망의 계곡)이다. 이 시점에서 리더의 코칭이 중요해진다. "이런 과정을 겪는 건 자연스러운 일이야"라고 안심시켜주고 작지만 구체적인 성취를 통해 성장을 안내하면 구성원은 다시 자신감을 회복(깨달음의 언덕) 할 수 있다.

이러한 현상은 경력자에게도 나타날 수 있다. 한 개발자는 새로운 기술을 배우며 초기에는 자신감을 보였지만 실제 업무에 적용하려 하자 예상보다 복잡한 상황들과 마주했다. 처음에는 '이건 어렵지 않다'고 생각했지만 새로운 변수들이 등장하면서 점차 혼란을 겪게 되었다. 이때 리더가 "지금은 배움을 깊이 있게 만들어가는 중요한 시기이고 누구나 겪는 단계야"라고 격려하며 작고 구체적인 목표를 제시하자 그는 다시 방향을 잡고 업무에 적응해 나갈 수 있었다.

더닝-크루거 효과는 관리자에게도 예외가 아니다. 한 팀장은 승진 후 자신감에 차 있었지만, 막상 구성원들을 이끌고 성과를 관리하는 과정에서 복잡한 과제와 갈등에 부딪혔다. 이전에는 자신의 업무만 잘하면 되었지만, 이제는 동기부여, 갈등 관리, 업무 조율 등 새로운 역할이 요구되었다. 그는 점차 자신감을 잃어갔지만 코칭을 통해 '리더십도 배워가는 과정이며 작은 성공들을 쌓아가면서 성장할 수 있다'는 사실을 인식하게 되었다. 이후 자신만의 리더십 스타일을 만들어갈 수 있었다.

산악인 딕 베스(Richard D. Dick Bass)는 "사람은 쉬운 싸움에서 이기는 것보다, 어려운 싸움에서 패배하면서 성장한다"고 말했으며, 시인 정호승은 "성공이라는 글자는 겉으로 보면 성공처럼 보이지만, 그 안을 자세히 들여다보면 작은 실패들이 개미처럼 기어 다닌다"고 했다. 성공은 단번에 이루어지는 것이 아니라 수많은 작은 실패 위에 쌓여 있는 것이다.

더닝-크루거 효과를 통해 구성원이 자신감을 잃는 시점을 빠르게 감지하고 적절한 코칭과 지원을 제공해야 한나. 스스로 부족함을 인식하는 그 순간이야말로 진정한 배움과 성장이 시작되는 지점이다. 이때 리더가 "지금부터 진짜 배움이 시작되는 단계야"라고 안내해 줄 수 있다면 구성원은 위축되는 대신 이를 성장의 기회로 받아들일 수 있다. 결국 코칭은 구성원이 어려운 시기를 통과하며 자신을 더 깊이 이해하고 꾸준히 성장해 나가도록 돕는 전인적 성장의 과정이다.

▍직원의 학습 스타일을 활용한 성장 촉진

사람마다 자신에게 맞는 학습 스타일이 있다. 이를 잘 이해하면 효율적인 학습 전략을 세울 수 있고 신입직원은 조직 내에서도 더 빠르게 적응할 수 있다. 특히 코칭이나 교육, 조직 내 학습 상황에서는 구성원의 학습 스타일에 맞춘 접근법이 더 효과적이다. 구성원이 자신의 스타일을 정확히 이해하고 이를 적극적으로 활용하면 학습과 성장 속도는 더욱 빨라진다.

이와 관련하여 데이비드 콜브(David Kolb)의 학습 스타일 이론은 유용한 통찰을 제공한다. 그는 경험 학습 이론(Experiential Learning Theory, ELT)을 통해 학습 방식을 두 축으로 나누고, 그 조합에 따라 네 가지 학습 스타일로 구분했다.

세로 축은 실제로 경험하며 배우는 '구체적 경험'과 이론적으로 사고하는 '추상적 개념화'로 구성된다. 가로 축은 행동을 통해 실천하는 '능동적 실험'과 경험을 되돌아보며 의미를 찾는 '반성적 성찰'로 이루

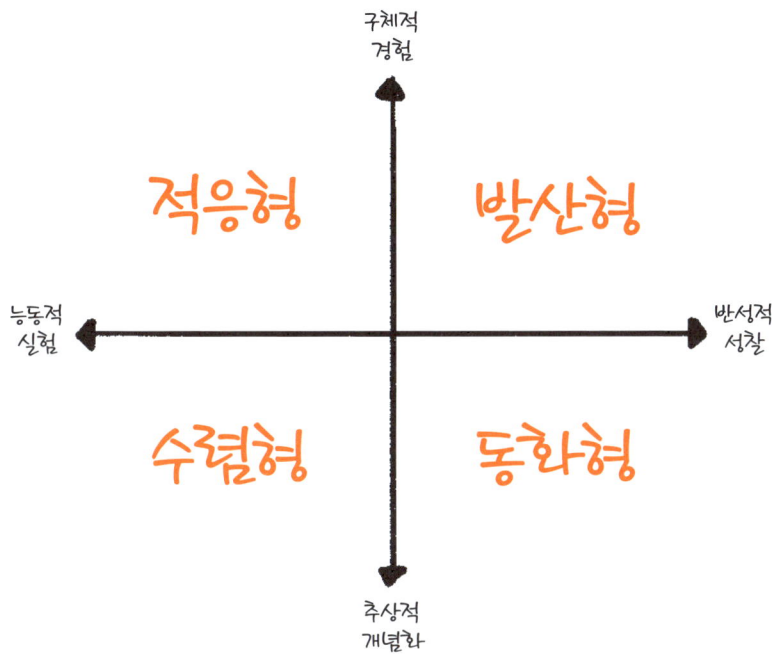

- 출처: David Kolb의 학습 스타일

어진다. 이 두 축의 교차로 네 가지 학습 유형이 도출된다.

적응형(Accommodating)은 설명을 듣기보다는 직접 행동하며 배우는 것을 선호한다. 시행착오를 겪으며 실제 경험을 통해 문제를 해결하고자 하며 구체적 경험과 능동적 실험 성향이 강하다. 예를 들어 제품 설명서를 읽기보다 고객을 직접 만나 현장에서 배우는 방식을 선호한다. 실습 중심의 워크숍, 현장 체험, 롤플레잉 등 실제 상황에 참여하는 활동이 효과적이다.

발산형(Diverging)은 다양한 사람들과 교류하며 그들의 관점을 수용하고 구체적인 경험을 통해 여러 가능성을 탐색한다. 이 유형은 감성적이고 상상력이 풍부하며 문제를 다양한 각도에서 바라보는 데 능하다. 이들에게는 팀 프로젝트, 가상 고객 페르소나 분석, 스토리텔링 등 협력적이고 토론 중심의 활동이 효과적이다.

동화형(Assimilating)은 다양한 정보를 조직화하고 이론적으로 구조화하는 데 능하다. 추상적 개념화와 반성적 성찰 성향이 강하며 감정보다는 논리와 분석을 중시한다. 정확하고 체계적인 정보 정리에 중점을 두며 모델링이나 개념적 틀을 설계하는 활동에 적합하다.

수렴형(Converging)은 이론적 개념을 실제 문제에 적용하는 데 능하며 실용적이고 기술적인 문제 해결을 선호한다. 추상적 개념화와 능동적 실험 성향이 강하며 기능성과 효율성을 중시한다. 시스템 구축, 업무 프로세스 개선, 제품 설계와 같은 실제적이고 목표 지향적인 학습 과제가 효과적이다.

여기서 중요한 점은 많은 리더들이 자신의 학습 스타일에 따라 구성원을 지도한다는 사실이다. 하지만 리더의 방식이 구성원의 학습 스타일과 다르면 구성원의 학습 속도가 오히려 늦어지고 동기부여가 떨어질 수 있다. 구성원 간 학습 속도의 차이가 나타난다면 리더는 구성원의 학습 스타일부터 파악해야 한다.

성과 관리의 본질은 '연결'이며, 그 중심은 구성원의 성장이 있다. 성장의 관점에서 보면 구성원의 학습 스타일을 이해하고 이에 맞춰 피드백과 업무 지도를 하는 것이 가장 효과적이다. 구성원이 자기 방식으로 배우고 익힐 수 있도록 돕는 것이 리더가 제공할 수 있는 실질적인 성장 지원이다.

▌ 학습한 것을 성과로 연결하는 방법

자신의 학습 스타일에 맞춰 습득한 내용을 실무에 적용하고, 이를 바탕으로 개념화할 수 있어야 한다. 여기서 말하는 개념화란 복잡한 사건이나 정보 속에서 보편적인 원리나 패턴을 추출하는 것이다. 단순한 경험의 반복이 아니라 경험을 해석하고 의미를 찾아 다음 상황에 유용하게 활용할 수 있도록 정리하는 능력이다.

예를 들어, 누군가가 이성과의 미팅을 했다고 생각해 보자. 처음에는 어떻게 행동해야 할지 몰라 어색했지만, 그 과정을 통해 '유머'가 대화를 부드럽게 만든다는 점을 발견했다. 이후 그는 관련 자료를 찾아보고 연습하며 다음 만남을 준비한다. 두 번째 미팅에서는 유머를 잘 활용했지만 복장에 아쉬움이 남았다. 그러자 그는 옷차림을 개선하고, 더 정제된 유머를 준비하며 다음을 대비한다. 이렇게 경험에서 교훈을 얻고 다음 행동에 반영하는 일련의 과정이 바로 개념화다.

이 과정에서 핵심은 바로 '피드백'이다. 피드백은 자신의 행동을 되돌아보는 성찰의 도구이며, 그 핵심은 '해야 할 것'과 '하지 말아야 할 것'을 구분하는 것이다. 이를 통해 효과적인 행동과 그렇지 않았던 행동을 명확히 정리하고, 다음 시도에서 적용할 전략을 구체화할 수 있다. 피드백은 단순한 평가나 반성의 도구가 아니라 성장을 위한 설계도

이자 다음 도약의 발판이다.

학습 스타일 → 실행 → 피드백 → 개념화 → 실행 → 피드백 → 개념화 …

리더는 구성원이 이러한 개념화 과정을 통해 스스로 업무를 수행할 수 있도록 돕는 역할을 해야 한다. 단순히 지시하거나 평가하는 것이 아니라 구성원이 경험을 성찰하고 그 속에서 학습과 행동의 원리를 찾아내도록 질문하고 안내하는 것이 리더의 중요한 역할이다. 이와 같은 지원이 있을 때 구성원은 조직에 더 빠르게 적응하고 자신만의 방식으로 지속적인 성장을 이루게 된다.

리더는 모든 걸 잘할 필요가 없다

역사 속 훌륭한 리더들은 모든 일을 직접 처리하기보다는 적재적소에 인재를 배치하고, 그들의 역량이 최대한 발휘되도록 지원하는 데 집중했다. 대표적인 사례가 이순신 장군의 이야기다. 그는 23전 23승이라는 전설적인 전과를 만들 수 있었던 이유는 거북선, 화포, 해류라는 핵심 성공 요소를 적절히 활용했기 때문이다. 하지만 장군은 이 세 분야의 전문가가 아니었다. 그는 각 분야에 탁월한 역량을 가진 인재를 발굴하고 그들의 조언에 귀를 기울이며 신뢰를 바탕으로 협업했다. 장군은 자신의 고집을 앞세우기보다 전문성을 존중했고 그들의 자발적 노력에 아낌없는 칭찬으로 동기를 북돋았다.

한나라를 세운 유방도 이와 같다. 그는 천하를 통일한 뒤 스스로를 돌아보며 이렇게 말했다. "나는 전략을 짜는 능력은 장량만 못하고, 군량을 조달하는 능력은 소하만 못하며, 전장에서 싸우는 능력은 한신만 못하다." 리더가 모든 분야에서 가장 뛰어날 필요는 없다. 오히려 유능한 사람을 알아보고 그들이 성과를 낼 수 있도록 돕는 것이 진정한 리더의 역할임을 잘 보여준다.

반대로, 리더가 모든 것을 직접 통제하려 할 때 발생하는 실패 사례도 있다. "삼국지"에 등장하는 제갈공명의 마지막 전투가 그 예다. 당시 적장이 포로에게 "요즘 제갈공명은 무엇을 하고 있느냐?"고 묻자, 포로는 "공명 선생은 장부까지 일일이 직접 기록하느라 매우 바쁘다"고 답했다. 이를 들은 장수는 "그가 그런 사소한 일까지 직접 하고 있다면 끝이 머지않았다"고 말했다. 이 일화는 리더가 모든 것을 직접 챙기려 할 때 발생하는 비효율성과 위험성을 상징적으로 보여준다.

조직에서 리더는 중요한 과제를 동시에 다뤄야 하며 시간이라는 자원에 항상 제약을 받는다. 모든 일을 직접 챙기다 보면 중요한 전략적 과제를 놓치게 되고 장기적인 방향 설정에도 소홀해질 수밖에 없다. 반면, 구성원에게 자율성을 부여하고 과감히 위임할수록 리더는 시간과 에너지, 사고력을 보다 중요한 결정에 집중할 수 있게 된다.

역사 속 뛰어난 리더들은 모두 유능한 인재에게 권한을 위임하고 그들이 최고의 성과를 낼 수 있도록 여건을 조성함으로써 조직의 성장을 이끌었다. 이는 단지 구성원의 발전을 돕는 차원을 넘어, 리더가 조직 전체를 더 넓은 시야에서 이끌 수 있도록 해주는 핵심 전략이기도

하다.

결국 강한 조직을 만든 리더는 모든 것을 잘하는 사람이 되는 것이 아니라, 구성원들이 최고의 실력을 발휘할 수 있는 환경을 조성하는 사람이다. 이것은 리더가 조직의 성과를 극대화하고 지속 가능한 성장을 이끄는 방법이다.

▍상황에 맞게 권한 위임하기

많은 리더들이 권한 위임에 어려움을 겪는 이유는 구성원의 준비 상태를 충분히 고려하지 않고 일관적인 방식으로 접근하기 때문이다. 이 문제를 효과적으로 해결할 수 있는 접근법이 바로 '상황 대응 리더십(Situational Leadership)'이다. 이는 폴 허시(Paul Hersey)와 켄 블랜차드(Ken Blanchard)가 개발한 리더십 모델로, 구성원의 업무 능력과 의욕 수준에 따라 리더십 스타일을 유연하게 적용하는 방식이다.

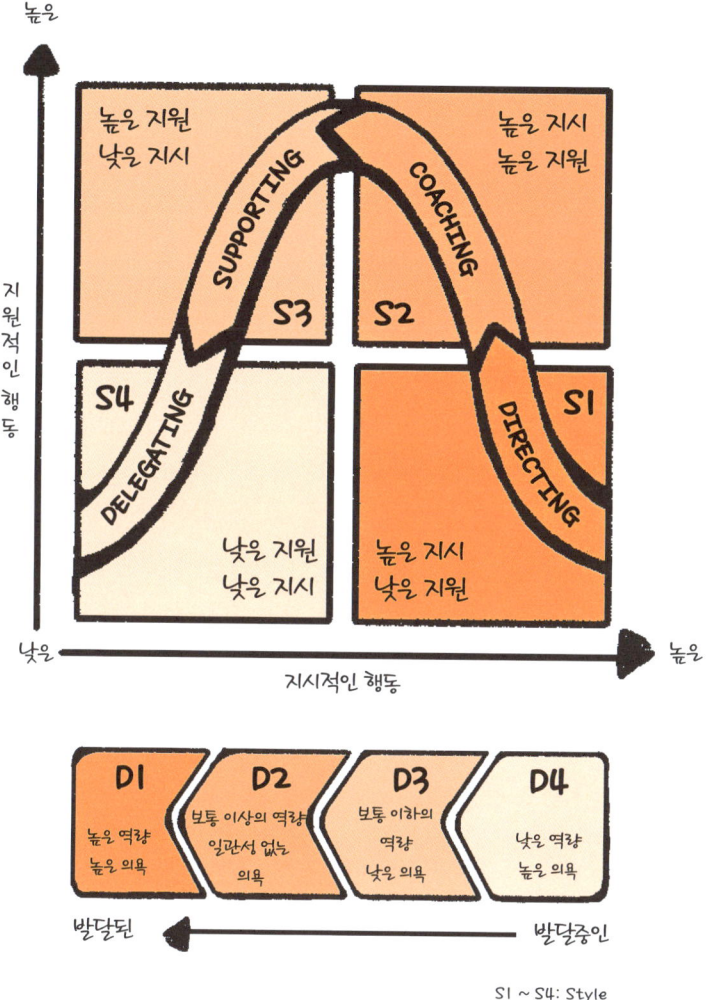

- 출처: 폴 허시와 켄 블랜차드의 상황대응 리더십

4장 – 성과 관리 프로세스 (A.C.E)

상황 대응 리더십은 구성원의 업무 준비도를 D1부터 D4까지 네 단계로 나누고, 이에 맞춰 S1부터 S4까지 리더의 역할도 달라진다. 예를 들어 신입 직원이 프로젝트 업무를 처음 맡았을 때, D1 단계에 해당한다. 이때는 의욕은 높지만 경험과 능력이 부족하므로 S1(지시형 리더십)을 적용해 리더가 방향과 절차를 명확히 제시해야 한다. "보고서는 제가 알려준 대로 작성하고 수요일까지 제출해주세요."와 같이 구체적인 지침과 기한을 제시하는 것이 중요하다. 리더는 '내가 직접 결정을 내려준다'는 태도로 업무를 세부적으로 관리하며, 동시에 작은 성과에도 칭찬을 아끼지 않아야 구성원이 D2로 성장할 수 있다.

  D2 단계는 구성원이 기본적인 업무 이해는 있지만 아직 미숙하고 자신감이 부족한 상태다. 이때는 S2(지도형 리더십)를 적용해 리더가 명확한 방향을 제시하면서도 질문을 통해 구성원의 업무 이해도를 점검하고 스스로 사고할 수 있도록 돕는다. "보고서 작성의 목적은 무엇일까요?", "계획한 내용을 한 번 설명해 보시겠어요?"와 같은 질문을 한다. 이 단계에서는 여전히 리더가 결정은 하지만 구성원이 업무 전체를 인식하고 주도성을 키울 수 있도록 안내하는 것이 핵심이다.

  D3 단계는 능력과 경험은 갖췄지만 아직 완전한 업무 자율성과 자신감이 부족한 상태다. 이때는 S3(지원형 리더십)를 발휘하여 리더가 '함께 논의하고 공동으로 결정'하는 방식이 필요하다. "현재 상황을 어떻게 파악하고 있나요?", "제가 도와줄 수 있는 부분은 무엇인가요?"와 같은 질문을 통해 리더는 구성원의 사고와 판단을 존중하며 자율성을 점진적으로 강화해 D4 단계로 이끌어야 한다.

마지막인 D4 단계는 구성원이 충분한 능력과 의욕을 갖춘 상태다. 이때는 S4(위임형 리더십)를 적용하여 '당신이 결정하세요'라는 메시지를 명확히 전달하고 업무에 대한 자율성과 책임을 전적으로 위임해야 한다. "더 나은 성과를 위해 필요한 것은 무엇인가요?", "어려운 점이 생기면 어떻게 해결해보시겠어요?"와 같은 질문을 통해 구성원이 창의적으로 문제를 해결하고 자신의 역량을 최대한 발휘할 수 있도록 도와야 한다.

상황 대응 리더십의 핵심은 구성원의 능력과 동기 수준에 따라 리더가 유연하게 개입하고 단계적으로 권한을 위임하는 것이다. 이 모델은 단순히 리더십 스타일을 바꾸는 것이 아니라 구성원이 조직 내에서 점진적으로 성장해 자율적으로 일할 수 있도록 돕는 데 목적이 있다. 상황 대응 리더십을 잘 활용하면 단순한 위임을 넘어 구성원과 조직 모두의 성장을 동시에 이끌 수 있다.

4. Evaluation (평가하기)

평가는 성장과 학습의 도구로 활용되어야 한다.

성과 평가는 조직의 건강검진이다

건강검진을 받으면 현재 자신의 몸 상태를 파악하고, 건강한 부분과 개선이 필요한 부분을 확인할 수 있다. 검사 결과가 양호하다면 그대로 유지하면 되고, 수치가 높거나 부족한 부분이 있다면 미리 조치를 취해 건강 문제를 예방할 수 있다. 성과 평가도 이와 마찬가지다. 단순히 점수를 매기는 것이 아니라, 한 해 동안 어떤 성과를 냈는지 돌아보고 앞으로 더 성장하기 위해 어떤 부분을 보완하면 좋을지 점검하는 과정이다.

만약 건강검진에서 콜레스테롤 수치가 높게 나왔다면 식습관을 개선하거나 운동을 시작하듯, 성과 평가에서 부족한 부분이 드러났다면 이를 보완할 방법을 찾아야 한다. 낮은 평가를 받았다고 실망하거나 좌절할 필요는 없다. 오히려 그 부분을 개선할 수 있다면 다음 기회에 더 나은 성과를 낼 수 있는 기반이 된다. 건강검진 결과가 기대에 미치지 않더라도 "앞으로 어떻게 하면 더 건강해질까?"를 생각하듯, 성과 평가 역시 "앞으로 어떻게 하면 더 좋은 성과를 낼 수 있을까?"를 발견하는 기회로 삼는 것이 중요하다.

성과 평가는 단순히 결과를 통보하는 자리가 아니다. 그것은 구성원이 자신의 강점과 보완점을 인식하고 다음 단계를 준비할 수 있도록 돕는 시간이다. 건강검진이 질병을 미리 예방하듯, 성과 평가는 성장을 앞당기기 위한 출발점이다. 중요한 것은 평가 자체가 아니라, 그 평가 결과를 어떻게 받아들이고 활용하느냐다. 평가를 통해 피드백을 받고 필요한 지원을 요청하며 다음 목표를 함께 설계해갈 때 성과 평가는 조직문화를 성장 중심으로 이끄는 강력한 도구가 된다.

▌효과적인 면담을 위한 4단계 프로세스

성과 평가 면담은 단순히 결과를 통보하는 자리가 아니라, 구성원의 성과를 함께 되돌아보고 피드백을 주고받으며 앞으로의 성장 방향을 모색하는 과정이다. 이를 효과적으로 진행하기 위해서는 체계적인 절차를 따르는 것이 중요하다.

첫 번째 단계는 구성원의 업적을 객관적으로 공유하는 것이다. 평가에 앞서 구성원이 일정 기간 동안 어떤 성과를 냈는지 구체적으로 정리하는 과정이 필요하다. 예를 들어, 한 팀에서 연말 평가를 앞두고 구성원들이 아무런 준비 없이 면담에 임하려 하자, 리더는 프로젝트 참여 내용, 기여한 결과, 업무 개선 사례 등을 사전에 정리해 제출하도록 요청했다. 이 과정을 통해 리더는 보다 명확히 성과를 파악할 수 있었고 구성원 역시 자신의 노력이 어떻게 평가에 반영되는지 이해하게 되었다.

두 번째 단계는 사전 면담이다. 이 과정에서는 구성원이 스스로 자신의 성과를 성찰할 수 있도록 리더가 질문을 통해 대화를 이끈다. 한 회사에서는 팀장이 분기마다 구성원과 면담을 진행하며 "이번 분기 동안 가장 잘한 점은 무엇이었나요?", "아쉬운 부분은 무엇이었고, 어떻게 보완하고 싶나요?"와 같은 질문을 던졌다. 이 과정을 통해 구성원들은 평가를 수동적으로 받아들이기보다 주도적으로 정리하고 성장의 방향을 생각할 수 있게 된다.

세 번째 단계는 평가 위원회를 통한 조율과 합의하는 것이다. 공정한 평가를 위해서는 한 명의 주관적 판단이 아닌, 다양한 시각을 반영해 공정성 확보가 필요하다. 실제로 한 조직에서는 높은 성과를 낸 직원이 상사의 편견으로 낮은 평가를 받을 뻔했지만 평가 위원회에서 다시 검토한 끝에 객관적 기준에 따라 적절한 평가를 받을 수 있었다.

마지막 단계는 사후 면담이다. 이 면담은 단순히 결과를 통보하는 것이 아니라 평가 결과를 바탕으로 구성원의 성장 계획을 함께 논의하는 시간이다. 예를 들어 한 팀장은 높은 평가를 받은 구성원에게 "이번에 좋은 평가를 받은 이유는 이런 부분에서의 기여 덕분이야. 이 강점을 계속 발전시켜보자"고 격려했고, 낮은 평가를 받은 구성원에게는 "이 부분을 보완한다면 다음에는 더 좋은 결과를 기대할 수 있어. 어떤 방법이 있을까?"라고 질문하며 개선 방향을 함께 탐색했다. 이러한 대화는 구성원의 동기를 자극하고 구체적인 실행 계획을 수립하는 데 도움을 준다.

성과 평가 면담은 구성원의 기여를 인정하고 발전을 도모하는 중요한 기회다. 업적을 정리하고 사전 면담을 통해 스스로를 돌아보게 하며 평가 위원회를 통해 공정성을 확보해야 한다. 평가 결과를 피드백과 함께 전달하는 일련의 과정을 충실히 수행할 때 성과 평가는 조직과 구성원이 함께 성장하는 발판이 된다.

사전 면담과 사후 면담

성과 평가 면담을 효과적으로 진행하려면 사전 면담과 사후 면담을 체계적으로 준비하고 실행해야 한다. 평가자와 피평가자 모두 철저한 사전준비로 보다 원활하고 의미 있는 대화가 된다. 평가자는 사전에 구성원의 성과 데이터를 수집하고 평가 항목을 명확히 정리해야 한다. 단순히 기억에 의존하기보다 프로젝트별 성과, 업무 기여도, 협업 태도 등 정량적 수치와 정성적 관찰을 함께 정리해야 한다.

한 팀장은 과거에 평가를 진행하면서 구성원의 성과를 평소 인상에 따라 평가를 내렸다가 기준이 모호해졌던 경험이 있었다. 이후 그는 구성원의 활동을 기록으로 남기고 평가 항목을 명확히 정리해 사전에 준비함으로써 더 공정하고 설득력 있는 피드백을 제공할 수 있었다.

사전 면담의 핵심은 구성원의 성과를 함께 되짚어보며 어떤 기준으로 평가가 이루어지는지 투명하게 공유하는 것이다. 이 과정을 통해 구성원은 어떤 기준으로 평가받는지 명확히 이해하게 되고 평가 결과를 보다 수용적으로 받아들일 수 있게 된다. 평가 면담은 구성원의 성장을 지원하는 자리다. 이 기회를 살리기 위해서라도 사전 면담은 형식이 아닌 진심 어린 준비로 이루어져야 한다.

<사전 면담>

팀장: 한 해 동안 정말 수고 많았어요. 일하면서 가장 보람 있었던 순간이 있었다면 언제였나요?

팀원: 올해 진행한 프로젝트가 성공적으로 마무리됐을 때요. 고객 반응도 좋았습니다.

팀장: 맞아요. 그 프로젝트가 팀에도 큰 도움이 되었죠. 올해 본인의 성과 중에서 가장 자랑스러운 부분은 무엇이라고 생각합니까?

팀원: 저는 고객과의 협업을 잘 이끌었다고 생각합니다. 처음에는 커뮤니케이션이 어려웠지만 점점 신뢰를 얻었고, 결과도 좋았습니다.

팀장: 그렇군요. 반대로 스스로 기대한 만큼 결과가 나오지 않은 부분도 있었나요?

팀원: 사실 몇몇 고객과의 협상이 길어지면서 초기 목표보다 계약 수가

줄었습니다. 조금 더 적극적으로 움직였어야 했습니다.

팀장: 좋은 분석이에요. 올해 설정한 목표와 비교했을 때 몇 % 정도 달성했고, 그 이유는 뭘까요?

팀원: 목표 대비 80% 정도 달성했다고 봅니다. 팀 내 기여도는 컸지만, 개인적인 성과 측면에서 조금 더 노력했어야 했던 것 같습니다.

팀장: 지금까지 이야기한 내용을 바탕으로 본인이 예상하는 평가 수준은 어느 정도일까요?

팀원: 아마 중상위권인 A 정도일 것 같습니다. 성과도 괜찮았지만 개선할 점도 어느정도 있으니까요.

팀장: 평가는 팀 목표와 개인 목표의 정량적 요소뿐 아니라 팀워크와 협업 같은 정성적 요소도 함께 고려될 겁니다. 오늘 이야기처럼 평가 결과가 단순한 점수가 아니라, 성장과 개선의 기회가 되었으면 해요. 평가 면담 후 다시 이야기 나누겠습니다.

사전 면담 이후에는 평가 위원회를 통해 성과에 대한 조율과 검토가 이루어지고, 이를 바탕으로 사후 면담이 진행된다. 사후 면담은 구성원이 그 결과를 전달하고 향후 방향을 함께 설정하는 과정이다. 사후 면담의 목적은 결과 전달을 넘어서 구체적인 피드백을 제공하고 향후 개선 방향을 함께 논의하는 데 있다. 또한 리더로서 구성원에게 기대하는 것과 팀 운영 계획을 공유함으로써 그들이 조직의 큰 그림 안에서 자신의 역할을 인식할 수 있도록 돕는 과정이기도 하다.

<사후 면담 – 1. 성과 평가 결과 전달하기>

팀장: 올해도 수고 많았어요. 한 해를 돌아보면서 어떤 점이 가장 기억에 남나요?

팀원: 솔직히 말하면, 기대했던 만큼 성과를 내지 못한 것 같습니다. 여러 가지 시도를 했지만 결과가 좋지 않아서 많이 아쉽습니다.

팀장: 그럴 수 있어요. 새로운 도전을 하다 보면 예상보다 어려운 점이 많을 수 있죠. 그래도 올해 보여준 노력과 시도 자체는 팀에 나름 의미가 있었습니다. (잠시 침묵) 이번 평가에서는 기대했던 목표 대비 낮은 성과를 기록해서, 결과는 'B'입니다. 구체적으로 보면, 프로젝트 진행 속도가 목표보다 느렸고, 업무 마감 기한을 맞추는 데 있어서 책임감이 아쉬워요.

팀원: 네, 저도 그런 부분을 알고 있습니다. 여러 업무를 동시에 처리하려다 보니 일정이 꼬이고 마감 기한을 맞추기가 쉽지 않았습니다.

팀장: 본인도 원인을 잘 파악하고 있네요. 중요한 건 성과가 낮다고 해서 능력이 부족한 게 아닙니다. 어떤 부분에서 어려움을 겪었는지, 앞으로 어떻게 개선할 수 있을지 고민하는 겁니다. 성과가 기대만큼 나오지 않은 이유를 좀 더 구체적으로 이야기해볼까요. 어떤 부분이 가장 힘들었나요?

팀원: 업무를 더 체계적으로 관리해야 하는데, 우선순위를 정하는 게 어려웠습니다. 그러다 보니 중요한 일보다 급한 일부터 처리하게 되고, 결국 목표를 달성하지 못한 경우가 많았습니다.

팀장: 우선순위 설정이 중요한데, 그걸 효과적으로 하기 위한 방법을 같

이 찾아보면 어떨까요. 예를 들어, 주간 목표를 정하고 중요도를 매겨서 관리하는 방식은 어떨까요?

팀원: 괜찮은 방법 같습니다. 매일 할 일을 정리하긴 하지만 급한 일 위주로 하다 보니 정작 중요한 목표를 놓치는 경우가 많았거든요.

팀장: 그렇죠. 또 하나, 업무 진행 중에 어려운 점이 있으면 미리 공유하는 것도 중요해요. 이번에 A프로젝트에서 일정이 지연됐는데, 미리 이야기했으면 다른 팀원들이 도와줄 수도 있었을 겁니다.

팀원: 네. 좀 더 빨리 요청했어야 했는데 혼자 해결하려다 보니 시간이 지체됐습니다.

팀장: 앞으로는 목표를 달성하기 위해 좀 더 현실적인 계획을 세우고, 진행 상황을 공유하는 방향으로 가면 좋을 것 같아요. 어떤 지원이 필요할까요?

팀원: 업무 우선순위를 정하는 데 도움을 받을 수 있으면 좋겠습니다. 그리고 진행 상황을 점검할 수 있는 체크리스트 같은 걸 만들어서 활용하면 더 나아질 것 같습니다.

팀장: 좋은 생각이에요. 그럼 매주 한 번씩 짧게 점검하는 시간을 가져서 진행 상황을 공유하고, 조정할 부분이 있으면 바로 해결할 수 있도록 해보면 어떨까요?

팀원: 그렇게 하면 일정 관리가 훨씬 쉬워질 것 같습니다.

〈사후 면담 – 2. 팀장의 팀 운영 방안 제시〉

팀장: 내년에는 우리 팀을 이렇게 운영해보려고 합니다. 첫째, 각자의

강점을 살리면서 부족한 부분을 보완할 수 있는 구조를 만들 계획입니다. 올해는 개인 업무 중심으로 진행됐지만, 내년에는 팀 단위의 협업을 강화하려고 해요. 예를 들어, 프로젝트별로 책임자를 정하고, 서로 피드백을 주고받는 시스템을 도입하려고 합니다.

팀원: 그럼 저도 다른 팀원들의 도움을 받을 수 있는 기회가 많아지겠네요.

팀장: 맞아요. 혼자 해결하려고 하지 말고, 필요할 때 서로 도움을 주고받을 수 있는 팀 구조를 만들 겁니다. 둘째, 업무 진행 상황을 더 자주 점검하고 실시간으로 피드백을 받을 수 있게 할 계획입니다. 기존에는 분기별 점검이었지만, 이제는 월간이나 주간으로 조정할 예정이에요. 이렇게 하면 목표를 놓치지 않고 바로 조정할 수 있을 겁니다.

팀원: 그럼 업무 진행이 더 명확해질 것 같습니다.

팀장: 셋째, 실패를 두려워하지 않는 문화를 만들고 싶어요. 저성과에 대한 두려움 때문에 도전하지 못하는 분위기를 없애고 싶습니다. 중요한 건 실패를 통해 배우는 것이고, 한 번의 성과가 전체 커리어를 결정하는 건 아니니까요. 그래서 앞으로는 실패한 경험도 공유하면서, 어떻게 하면 더 나아질 수 있을지 함께 고민하는 문화를 만들 계획이에요.

팀원: 그렇게 된다면 부담이 덜 할 것 같습니다.

팀장: 우리는 함께 성장하는 팀이고, 제 역할은 팀원들이 더 좋은 성과를 낼 수 있도록 돕는 것입니다. 이번 평가는 부족한 점을 지적하는 자리가 아니라, 앞으로 더 성장할 수 있는 기회를 찾기 위한 과정입니다. 결과보다 중요한 건 방향이고, 함께 해결 방법을 찾으면 충분히 개선될

수 있을 겁니다.

사후 면담에서는 평가 결과를 구체적으로 전달하되 성과와 개선점을 균형 있게 제시해야 한다. 특히 저성과자와의 면담은 단순히 부족한 점을 지적하는 자리가 아니라, 함께 해결책을 찾아가는 협력의 과정이어야 한다. 낮은 평가 결과를 전달할 때는 단순한 비판보다 어떤 부분에서 어려움이 있었는지, 앞으로 어떻게 개선할 수 있을지 함께 논의하는 것이 핵심이다.

이 과정에서 구성원이 스스로 원인을 분석하고 해결 방향을 모색할 수 있도록 돕는 것이 중요하다. 또한 면담에서는 리더가 구상하고 있는 조직의 모습을 함께 공유하는 시간이어야 한다. 조직이 나아가고자 하는 방향을 구성원들이 이해할 때 각자의 역할을 보다 명확히 인식하고 업무에 더 적극적으로 참여하게 된다.

공정한 평가

세상에 공정한 평가는 존재하지 않는다. 하지만 구성원들이 공정하다고 느낄 수 있는 평가는 충분히 가능하다. 직원들이 평가를 신뢰하고 받아들이기 위해서는 평가가 절차적으로 공정하고 지속적인 상호작용 속에서 이루어져야 한다. 아무리 정교한 기준이 있어도, 그 과정이 불투명하거나 일방적으로 전달된다면 직원들은 이를 신뢰하지 않는다.

절차적 공정성이란 평가 과정에서 적용되는 규칙과 결정 방식이 일관되고 예측 가능해야 한다는 뜻이다. Moorman(1991)은 이를 보상 결정에 적용되는 절차와 규칙의 공정성으로 정의했다.*

예를 들어, 한 회사에서 승진 평가가 명확한 기준 없이 상사의 주관적인 판단으로 결정된다면 직원들은 평가 결과를 납득하기 어렵다. 반면 승진 요건이 사전에 명확히 공개되고 모든 직원에게 공정하게 적용된다면 비록 결과에 아쉬움이 있더라도 그 과정을 받아들이는 태도는 달라질 수 있다.

지속적인 상호작용 또한 평가를 공정하게 느껴지도록 하는 중요한 요소다. Bies와 Moag(1986)는 절차적 공정성을 높이는 데 있어 인간관계의 상호작용이 결정적인 역할을 한다고 강조했다.** 직원은 자신이 어떤 기준으로 평가받고 있는지, 어떤 기대를 받고 있는지 꾸준히 확인하고 싶어 한다. 만약 연말에 갑작스럽게 결과만 통보한다면 직원은 그 결과를 받아들이기 어렵다. 반면 1년 동안 주기적으로 피드백과 1on1 미팅을 통해 강점과 개선점을 함께 나누어 왔다면 최종 결과에 대한 수용도는 훨씬 높아진다. 결국 공정성은 절대적인 기준의 문제가 아니라 절차의 투명성과 관계 속에서의 신뢰를 통해 체감된다. 상사가 지속적으로 소통하고 평가 기준과 기대를 명확히 공유할 때 직원들은 평가를 신뢰하게 된다. 공정한 평가는 '무엇을 평가하느냐'보다 '어떻게 함께 평가를 만들어갔는가'에 달려 있다.

---

* 【Moorman, R. H. (1991). Relationship between organizational justice and organizational citizenship behaviors: Do fairness perceptions influence employee citizenship?】

** 【Bies, R.J. and Moag, J.F. (1986) Interactional Justice: Communication Criteria of Fairness.】

저 성과자라는 이름 뒤에 숨은 진짜 이유

저성과자의 문제는 단순히 개인의 능력 부족 때문만은 아니다. 많은 경우 역량, 동기, 관계, 조직문화라는 네 가지 요소가 복합적으로 작용한다. 구성원이 기대만큼 성과를 내지 못할 때, 이를 개인의 노력 부족으로만 판단하면 문제의 본질을 놓치기 쉽다.

한 기업 사례를 보자. 지속적으로 낮은 성과를 보이는 직원이 있었다. 관리자는 그가 성실하지 않다고 생각했다. 하지만 면담을 통해 확인해보니 그는 업무에 필요한 기술과 경험이 부족했고 이에 대한 교육도 받은 적이 없었다. 문제는 '노력 부족'이 아니라 '지원 부족'에 있었다. 이후 팀장은 실무 교육과 멘토링을 제공했고, 그 직원의 성과는 점차 개선되었다. 필요한 역량을 지원하는 것이 질책보다 훨씬 효과적인 접근이었다. 역량은 업무 수행에 필요한 지식, 기술, 능력 등을 의미하며, 역량 부족은 저성과의 핵심 원인 중 하나이다.[*]

'동기' 부족 역시 성과 저하의 중요한 원인이다. 유능했던 직원이 갑자기 성과를 내지 못하자 상사는 이를 매너리즘 탓으로 돌렸다. 그러나 실제로는 그가 자신의 업무가 조직의 목표와 연결되어 있지 않다고 느끼고 기여가 인정받지 않는다고 생각하고 있었다. 동기가 사라진 상태였다. 이후 조직은 그에게 강점을 살릴 수 있는 프로젝트를 맡기고 성과에 대한 피드백과 인정을 제공했다. 그는 다시 몰입을 회복했고 성과도 빠르게 향상되었다. 동기 요인은 개인의 업무 몰입과 성과에 결정적

---

[*] [Boyatzis, R.E. (1982). The Competent Manager.]

영향을 미친다.*

관계의 문제도 저성과의 주요 원인이다. 한 팀에서 성과가 낮은 직원이 있었는데 문제는 동료들과의 협력 부족이었다. 업무는 혼자서 완성되지 않는다. 특히 팀워크와 소통은 필수적이다. 해당 직원은 동료들과의 신뢰가 부족했고 소통 방식에 어려움이 있었다. 조직은 협업 훈련과 정기 미팅을 통해 관계 개선을 시도했고, 이후 그는 팀과의 관계를 회복하며 성과도 향상되었다. 팀워크, 동료 신뢰, 상사-부하 관계 등 대인관계 질은 성과에 직접적 영향을 끼친다.**

마지막으로, 조직문화 자체가 저성과자를 만들어내기도 한다. 어떤 기업은 능력 있는 인재를 채용했지만, 몇 달 뒤 기대 이하의 성과를 보였다. 조사 결과, 그 조직은 수직적이고 폐쇄적인 분위기, 불투명한 평가 시스템, 표현의 자유가 제한된 문화였다. 구성원들은 점점 소극적으로 변했고 노력해도 인정받지 못한다는 인식이 확산되며 성과 전체가 저하되었다. 이런 문화 속에서는 누구든 쉽게 저성과자가 될 수 있다. 권위주의, 불투명한 의사결정, 낮은 심리적 안전감은 구성원의 소극성과 무기력 초래할 수 있다.***

이처럼 저성과는 개인의 문제가 아니라 조직의 구조와 환경이 얽힌 복합적인 문제다. 역량이 부족하다면 교육과 멘토링을, 동기가 부족하다면 의미 있는 목표와 인정을, 관계에 문제가 있다면 소통과 협업의 구조를, 조직 문화가 문제라면 공정성과 심리적 안전을 설계해야 한다.

저성과는 조직 전체가 함께 해결해야 할 과제다. 리더의 역할은 성과

---

* [Deci, E.L., & Ryan, R.M. (1985). Intrinsic motivation and self-determination in human behavior.]
** [Jehn, K.A., & Mannix, E.A. (2001). The dynamic nature of conflict: A longitudinal study of intragroup conflict and group performance.]
*** [Edmondson, A. (1999). Psychological safety and learning behavior in work teams.]

를 평가하는 것이 아니라 성과가 발휘될 수 있는 환경을 설계하고 조성하는 데 있다.

리더와 구성원의 기대를 맞추는
업무 지시의 기술

업무 지시는 단순히 할 일을 전달하는 행위가 아니다. 이는 구성원이 과제를 명확히 이해하고 효과적으로 수행할 수 있도록 돕는 상호작용의 과정이다. 이를 위해서 올바른 소통 방식이 필요하며, 그 핵심은 두 가지로 나눌 수 있다.

첫 번째는 과제를 구체적이고 명확하게 설명하는 것이다. 단순히 "이 일을 해 주세요"라고 말하는 것이 아니라 업무의 목적, 기대되는 결과물, 마감 기한, 고려해야 할 사항 등을 함께 전달해야 한다. 예를 들어, 매장의 매니저가 직원에게 신메뉴 프로모션을 지시할 때 "이번 주 신메뉴 홍보 좀 해줘"라고 말하는 대신 "이번 신메뉴의 특징을 잘 설명하고, 고객 반응을 기록해서 다음 주 미팅 때 공유해 줬으면 해. 소셜미디어 홍보도 함께 진행해 볼 수 있을까?"라고 말하면 훨씬 더 구체적이고 실행 가능한 지시가 된다.

두 번째는 과제에 대해 이해한 것을 직접 듣는 것이다. 이는 구성원이 과제를 어떻게 해석하고 있는지 확인하는 단계로 일방적인 지시가 아닌 상호적인 소통이 이루어져야 한다. 예를 들어, 매장의 점장이 직원에게 발주 관리를 맡길 때 "발주 작업을 네가 맡아서 해 줘"라고 말하는 것보다는 "발주 관리를 네가 맡아주면 좋겠어. 발주량을 어떻게 결정할 건지, 일정은 어떻게 조정할지 계획을 한번 말해 줄 수 있을까?"라고 질문하면 직원이 업무를 얼마나 정확히 이해했는지 점검할 수 있다.

이러한 질문은 업무 수행의 방향을 조율하고 오해나 실수를 예방하는 데 효과적이다. "해당 업무를 어떻게 이해했는지 설명해 줄 수 있을까?", "이 업무를 어떻게 추진할 계획인가?", "중간 보고는 어떤 방식으로 할 생각인가?"와 같은 질문을 통해 리더는 구성원이 과제에 대한 이해 수준을 확인하고 필요시 보완 설명을 제공할 수 있다. 이 대화를 바탕으로 간략하게 정리해서 보고할 수 있도록 요청하면 구성원은 좀 더 명확한 기억으로 업무수행 과정이 남게 된다.

결국 업무 지시는 명확한 설명과 피드백을 주고받는 상호작용의 과정이다. 과제를 구체적으로 설명하고 구성원이 이를 어떻게 이해했는지를 확인하는 절차가 포함되어야 한다. 그래야만 리더와 구성원이 같은 방향을 바라보며 효과적으로 업무를 수행할 수 있다.

5장
팀 리더십

함께 성장하는 리더십, 도로시에게 배우다

"오즈의 마법사"는 캔자스 시골 마을에 살던 소녀 도로시가 토네이도에 휩쓸려 마법의 나라 오즈에 떨어지면서 시작된다. 도로시는 시골집으로 돌아가기 위해 각기 다른 소원을 지닌 친구들과 함께 오즈의 마법사를 찾아 나선다. 이 여정 속에서 우리는 도로시의 리더십을 발견할 수 있다.

그녀와 함께하는 동료들은 저마다 부족하다고 여기는 부분이 있다. 허수아비는 자신에게 지혜가 없다고 생각하고 깡통 나무꾼은 감정을 느끼지 못한다고 믿으며 사자는 용기가 없다고 느낀다. 그러나 도로시는 이들과 여정을 함께하면서 각자가 자신 안에 있는 잠재력을 발견하고 스스로 성장할 수 있도록 도왔다.

예를 들어, 허수아비는 "나는 두뇌가 없어"라고 말했지만 위기 상황에서 기발한 아이디어로 문제를 해결했고, 깡통 나무꾼은 심장이 없다고 했지만 누구보다 따뜻한 배려심을 보여주었다. 사자는 용기가 부족하다고 했지만 친구들을 위해 결단력 있게 행동하며 용기를 증명했다. 도로시는 단지 이들을 이끄는 것이 아니라, 각자의 강점을 스스로 발견할 수 있도록 믿고 기다리며 기회를 주었다.

또한 도로시는 명확한 목표를 가지고 있으면서도 상황에 따라 유연하게 대처하는 리더십을 발휘했다. 오즈의 마법사를 만나기까지 수많은 난관이 있었지만, 매 순간 포기하지 않고 적절한 해법을 찾아 나갔다. 결국 오즈의 마법사를 만났지만, 그가 특별한 능력이 없다는 사실을 알게 되었다. 하지만 그 여정 속에서 허수아비는 지혜를, 깡통 나무꾼은 따뜻한 마음을, 사자는 용기를 얻었다.

좋은 리더란 단지 앞장서는 사람이 아니라 함께하는 이들의 가능성을 발견하고 그들이 스스로 성장할 수 있도록 돕는 존재이다. 도로시는 동료들이 자신의 내면에서 답을 찾을 수 있도록 곁에서 이끌고 지지한 리더였다.

GE의 전 CEO인 잭 웰치(Jack Welch)는 "리더는 한 손에 물뿌리개를, 다른 한 손에는 비료를 들고 꽃을 가꾸는 사람과 같다"라고 말했다. 물이 부족하면 시들고 비료가 없으면 잘 자라지 못하듯이, 리더 역시 구성원에게 적절한 격려와 피드백을 제공하지 않으면 그들의 역량을 끌어낼 수 없다. 도전을 앞둔 구성원에게는 따뜻한 조언과 지지가 필요하고 성장을 위한 명확한 방향성과 피드백도 함께 제공되어야 한다.

리더는 단순히 지시하고 통제하는 사람이 아니라 직원이 성장할 수 있도록 환경을 조성하는 조율자이자 조력자여야 한다. 물과 비료의 균형이 중요하듯, 과도한 개입이나 무관심은 구성원의 성장을 가로막는다. 진정한 리더십은 구성원이 자기 안의 가능성을 실현하도록 조용히 뒷받침하는 데 있다. 이것이 리더가 코칭을 배워야 하는 이유이다.

리더십, 씨앗과 토양의 관계

'자리가 사람을 만드는가, 아니면 사람이 자리를 만드는가?' 이 질문은 조직 안에서 환경과 개인이 어떻게 맞물려 작용하는지 묻는 본질적인 물음이다. '사람이 자리를 만든다'는 관점은 개인의 리더십과 역량에 주목하지만, '자리가 사람을 만든다'는 시각은 조직의 구조와 문화가 개인에게 더 큰 영향을 미친다고 본다. 결국 리더십을 논의하기에 앞서 조직의 시스템과 환경을 먼저 살펴보는 것이 필요하다.

고대 그리스 철학자인 에픽테토스(Epictetus)는 "환경이 당신에게 일어나는 일이 아니라, 당신이 그것에 어떻게 반응하는가가 중요하다."라고 말했다. 이는 환경의 영향을 부정하는 것이 아니라 개인의 자질이 환경을 통해 어떻게 발현되는지를 강조하는 말이다. 따라서 조직은 리더가 자신의 잠재력을 발휘할 수 있도록 건강한 구조와 문화를 마련해야 한다. 아무리 뛰어난 리더십의 씨앗이라도 척박한 땅에서는 꽃을 피우기 어렵다.

예를 들어, 부패 문제를 개인의 도덕성보다는 구조의 문제로 보았다.* 이는 부패한 개인을 처벌하는 것보다 애초에 부패가 발생하지 않도록 제도를 설계하는 것이 근본적인 해결책이라고 말한다. 마찬가지로 리더십 역시 개인의 특성만으로 작동하지 않으며 환경의 영향이 크게 작용한다.

한 임원이 새로운 조직을 맡았을 때 성과를 압박하며 강도 높은 운영방식을 도입했다. 평소였다면 직원들의 반발이 컸겠지만, 이 조직은 오랜 기간 방만하게 운영되어 왔고 적자가 누적된 상태였다. 위기의식이 공유된 상황이었기에 강한 리더십이 통했고, 결국 성과로 이어질 수 있었다. 즉, 그의 리더십이 효과를 발휘할 수 있는 '환경'이 형성되어 있

---

* 부경복 『부패전쟁』

었던 것이다.

 반대로, 환경이 뒷받침되지 않아 리더십이 무력화된 사례도 있다. K기업의 한 팀장은 타사에서 스카우트되어 왔다. 하지만 팀 내 고참 직원이 주도권을 쥐고 있었고 팀원들은 새 팀장을 무시하며 소극적인 저항을 이어갔다. 더 큰 문제는 상사인 임원은 '알아서 해보라'는 식의 태도로 팀장을 전혀 지원하지 않았다는 점이다. 임원은 팀장에게 높은 목표만 요구하면서 현실적인 조정이나 협력은 없었다. 결국 팀장은 고립되고 리더십을 발휘할 수 없는 구조 속에서 저성과자로 낙인찍히고 말았다.

 리더십은 씨앗이며 조직문화와 구조는 그것이 자라는 토양이다. 아무리 훌륭한 씨앗이라도 토양이 척박하면 자라기 어렵다. 반면 좋은 환경에서는 미성숙한 씨앗도 어느 정도 성장할 수 있다. 리더의 성과를 논할 때는 개인의 자질뿐 아니라 그것이 발현될 수 있는 조직의 기반이 마련되어 있었는지를 함께 살펴야 한다.

 또 다른 사례도 있다. 이 기업은 위성지도를 통해 지번이 변경되었음을 확인하고 인근 상인들과의 갈등에 직면하게 되었다. 회사는 새롭게 지정된 구역에 대한 토지 소유권을 주장했고 주민들은 오랫동안 자신들이 사용해온 땅이라며 반발했다. 이 민감한 상황에서 한 팀장이 협상 담당자로 배치되었다. 상위 부서의 임원은 "무조건 땅을 되찾아라", "토지 사용비용을 청구하라"는 지시만 반복했을 뿐, 전략적 방향이나 실질적인 지원은 제공하지 않았다.

 회식 자리에서 자주 마주하던 지역 상인들과의 어려운 관계 속에서 팀장은 정서적으로 큰 부담을 안게 되었다. 그는 조직의 입장을 고수하면서도 상인들과의 갈등을 최소화해야 하는 딜레마에 빠졌다. 팀장은 이 일로 엄청난 스트레스를 받고 있는 상황이었다. 만약 조직이 브랜드 이미지, 장기적 신뢰, 지역사회 관계까지 고려한 전략을 미리 설계해주었다면 팀장은 훨씬 효과적으로 업무를 수행할 수 있었을 것이다.

결국 리더십은 개인만의 문제가 아니다. 그 사람이 어떤 자리에서 어떤 지원을 받으며, 어떤 문화 안에 놓여 있었는지도 함께 고려해야 한다. 조직은 리더들이 리더십을 발휘할 수 있는 구조를 갖추고, 그들의 성장을 지원하는 토양을 만들어야 한다. 그래야만 개인의 역량이 성과로 이어지고 조직 전체의 성장으로 확장될 수 있다.

협업 디자이너, 갈등을 성과로 바꾼다

협업은 단순히 업무를 나누는 것이 아니라 함께 새로운 가치를 만들어가는 창조의 과정이다. 그러나 현실에서는 협업이 설득이나 양보의 문제로 축소되는 경우가 많다. 이 과정에서 자원의 배분이 한쪽으로 치우쳐 협업의 본래 취지가 퇴색되기도 한다. 협업의 이점이 명확히 공유되지 않으면 결국 '한쪽의 성과와 다른 한쪽의 희생'으로 끝나기 쉽다. 하지만 진정한 협업은 '윈-윈(Win-Win)'이어야 하며, 양측 모두가 이익을 얻는 구조가 마련되어야 지속 가능하다. 이를 위해 먼저 '협업 디자이너'를 명확히 지정해야 한다.

협업 디자이너란 협업 과제를 총괄하며 실질적인 의사결정 권한을 가진 사람이다. 예를 들어 A팀과 B팀 간 협업이 필요하다면, 양 팀이 속한 본부의 본부장이 협업 디자이너가 될 수 있다. 그러나 현실에서는 협업 디자이너가 명확한 가이드 없이 단순히 과제를 던지고 구성원들이 알아서 해결하기를 기대하는 경우가 많다. 그 결과 협업 과정은 충돌과 갈등으로 점철되고 결과물은 상처투성이가 된다. 한 마디로 협업 디자이너가 문제의 원인이다. 하지만 많은 조직은 이런 협업디자이너에 대한 존재와 중요성을 인식하지 못하고 있는 듯하다. 그러면, 어떻게 협업디자이너가 협업을 이끌어 낼 수 있을까?

한 중소기업의 사례가 이를 잘 보여준다. 회사 내부의 중요한 협업 과제에서 부사장과 외부 전문가 간의 갈등이 심화되었다. 이는 단순한 의견 차이를 넘어 역할과 권한, 일하는 방식에 대한 충돌로 번졌다. 부사장은 원칙 중심의 방식에 무게를 뒀고 전문가는 시장 변화에 유연하게 대응하는 접근을 선호했다. 부사장은 전문가의 자율성이 불편했고, 전문가는 부사장의 간섭을 부당하게 느꼈다. 이때 대표는 협업 디자이너로서 직접 개입하여 갈등을 해결해야 했다.

대표는 첫 단계로, 양측의 역할과 기대치를 명확히 정리했다. 그는 각각의 입장을 개별 면담을 통해 들었다. 대표는 부사장이 전문가의 전문성을 인정하면서도 기본 원칙을 어떻게 적용할지를 고민하게 했다. 동시에 전문가에게는 부사장의 관리 책임을 수용하면서도 자신의 자율성을 유지할 수 있는 방법을 찾아보도록 요청했다.

두 번째 단계에서는 감정이 아닌 사실 기반의 대화를 이끌어냈다. 대표는 양측에게 구체적인 사례를 통해 자신의 입장을 설명하게 했다. "그 방식이 비효율적이라고 느낀 이유는 무엇이었나요?", "그때 어떤 상황이었고, 어떤 결과가 있었나요?"와 같은 질문을 통해 객관적 대화를 했다. 이 과정을 통해 단순한 입장 충돌이 아닌 문제 해결을 위한 생산적인 논의가 이루어졌다.

세 번째 단계는 새로운 협업 방식에 대한 합의 도출이었다. 대표는 두 사람과 함께 효과적인 협업의 원칙을 논의했고 부사장의 통제는 유지하되 전문가의 자율성이 보장되는 구조를 설계했다. 이는 단순한 타협이 아니라 양측의 의견이 조화를 이루는 방식이었다.

마지막으로, 대표는 이 논의가 일회성으로 끝나지 않도록 정기적인 피드백과 조정 시스템을 마련했다. 협업은 고정된 형태가 아니라 유기적인 관계이며 지속적인 점검과 조정을 통해 완성도 높은 협업이 가능하다.

협업 디자이너의 역할은 '건강한 충돌'을 설계하고 조율하는 데 있다. 협업은 서로의 전문성과 기여를 존중하며 공동의 목표를 향해 나아가는 구조를 만드는 데에서 시작된다. 리더는 이 과정을 중립적으로 조율하고 조직 전체의 시너지를 극대화할 수 있는 환경을 조성해야 한다. 진정한 협업은 단순한 업무 분담이 아니라 조직의 성장을 견인하는 전략이다.

함께 성장하는 리더십의 조건

리더십(Leadership)이라는 영어 단어는 'Lead'와 'ducere'에서 유래되었다. 'Lead'는 사람들을 움직이고 변화를 일으킨다는 뜻이며, 'ducere'는 끌어당긴다는 뜻을 가진다. 이 두 단어를 결합하면 리더십은 '사람들을 한 방향으로 이끌고, 함께 움직이게 하며, 변화를 만들어내는 행위'라고 정의할 수 있다

리더십을 효과적으로 발휘하기 위해 리더는 세 가지 핵심 요소를 명확히 이해해야 한다. 첫째는 비전 제시이다. 조직이 어디로 가야 하는지 명확히 제시하고 구성원들이 그 방향에 공감하고 함께 나아가도록 이끄는 역할이다. 둘째는 성과 창출이다. 비전만 제시하는 데 그치지 않고 이를 실행에 옮겨 조직에 실질적인 성과를 만들어내야 한다. 셋째는 인재 양성이다. 구성원의 성장을 도우며 잠재력을 발휘할 수 있는 환경을 제공함으로써 조직의 장기적인 발전을 도모해야 한다.

특히 성과 창출과 인재 양성은 별개의 과제가 아니라 상호 밀접하게 연결된 요소이다. 조직의 성과는 단순히 개별 목표 달성에서 비롯되지 않는다. 이는 구성원 각자의 성장과 역량 향상을 통해 비로소 가능해진다. 따라서 리더는 구성원들의 에너지를 한 방향으로 모으고, 그들이 자신의 역량을 최대한 발휘할 수 있도록 지속적으로 지원해야 한다.

결국 리더십은 구성원과 함께 성장하며 의미 있는 변화를 만들어내는 힘이다. 지속 가능한 성과는 사람을 성장시키는 과정 속에서 탄생하며 진정한 리더십은 그 여정 속에서 빛을 발한다.

팀의 성공을 결정하는 리더의 힘

조직의 성과는 단순히 구성원들의 능력에만 결정되지 않는다. 리더가 팀을 어떻게 이끄는가에 따라 성과는 극적으로 달라질 수 있다. 이를 잘 보여주는 대표적인 사례가 네이비씰의 훈련이다.

7명이 한 조를 이루어 100kg이 넘는 보트를 머리에 이고 해변을 질주하는 극한의 훈련이 있다. 이 과정에서 한 팀은 항상 1등을 했고, 다른 팀은 늘 꼴찌를 기록했다. 이에 교관은 두 팀의 리더를 서로 바꾸어 보았는데 결과는 놀라웠다. 꼴찌를 하던 팀이 1등으로 올라섰고, 1등 팀은 꼴찌로 내려앉았다.[*]

이 극적인 변화의 핵심은 리더의 태도에 있었다. 1등 팀을 이끌던 리더는 결코 실패를 팀원 탓으로 돌리지 않았고 '운이 없었다'는 식의 변명도 하지 않았다. 그는 더 높은 기준을 제시하고 팀원들을 하나의 목표 아래 결속시켰다. 반면, 꼴찌 팀의 리더는 자신의 방식만 고집하며 책임을 팀원들에게 전가했다. 이 차이가 팀의 사기와 성과를 뒤바꾼 결정적인 요인이었다.

이와 같은 현상은 기업에서도 빈번히 일어난다. 예를 들어, 영업팀의 실적이 부진할 때 어떤 리더는 팀원이나 외부 환경 탓만 한다. 반면, 또 다른 리더는 같은 조건 속에서도 "우리는 해낼 수 있다"는 신념 아래 명확한 목표를 제시하고 팀원들을 격려하며 함께 나아가도록 이끌었다. 결과적으로 후자의 팀이 더 나은 성과를 낸 것은 당연한 결과였다.

일상적인 인간관계에서도 리더의 태도가 분위기를 좌우하는 현상은

---
[*] 조코 윌링크, 레이프 바빈 『네이비씰 승리의 기술』

자주 나타난다. 예를 들어, 친목 모임에서 분위기를 주도하는 리더가 긍정적인 에너지를 가질 경우 모임 전체가 활기를 띠지만 지속적으로 불평을 쏟아내면 금세 분위기가 가라앉는다. 중심에 있는 사람의 태도가 공동체의 에너지 흐름에 직접적인 영향을 미치게 된다.

결국 핵심은 리더의 태도다. 리더가 구성원을 신뢰하고 명확한 기준을 제시하며 일관된 격려를 보낼 때 팀은 더 큰 에너지와 몰입을 발휘한다. 반대로 리더가 비난과 변명에 머무르면 아무리 유능한 팀원이라도 자신의 역량을 온전히 펼치기 어렵다.

조직의 성과는 환경이 기반이라면, 리더는 그 위에 방향성과 문화를 설계하는 사람이다. 리더의 태도와 행동은 조직의 분위기와 구성원의 심리적 안전감, 그리고 궁극적인 성과를 좌우하는 결정적인 힘임을 잊지 말아야 한다.

▍상반된 리더십의 모습

리더십에는 상반된 두 가지 유형이 있다. 하나는 카리스마 리더십, 다른 하나는 서번트 리더십이다.

카리스마 리더십은 리더가 강한 비전과 확신을 가지고 조직을 이끄는 방식이다. 리더의 신념과 영향력은 구성원에게 강한 동기를 부여하며 조직이 하나의 방향으로 결속하도록 만든다. 이러한 리더십은 위기 상황이나 명확한 목표가 설정된 환경에서 특히 효과적이다. 위기 속에서는 구성원들이 방향을 잃기 쉬운데, 이때 카리스마 리더가 강력한 비전을 제시하면 조직은 하나로 뭉쳐 위기를 돌파할 수 있다. 또한 생산성과 속도가 중시되는 환경에서는 신속한 의사결정과 추진력을 갖춘 리더가 중심을 잡아줄 때 조직 전체의 효율이 높아진다.

대표적인 카리스마 리더로는 스티브 잡스, 윈스턴 처칠, 일론 머스크가 있다. 잡스는 애플을 혁신의 아이콘으로 만든 창의적 비전을 제시했으며, 처칠은 전쟁의 한복판에서 국민에게 용기와 단결을 불어넣었다. 일론 머스크는 테슬라와 스페이스X를 통해 기존 질서를 넘어서는 새로운 산업을 만들어가고 있다.

카리스마 리더십은 리더 개인의 역량에 조직이 과도하게 의존하게 되는 부작용도 있다. 리더가 부재하거나 잘못된 판단을 내릴 경우 조직 전체가 혼란에 빠질 위험이 있다. 따라서 강한 리더십이 효과적으로 작동하기 위해서는 리더에 대한 의존을 줄이고 구성원의 자율성과 조직 시스템의 안정성을 함께 강화할 필요가 있다.

반면 서번트 리더십은 구성원들이 자율적으로 성장하고 목표를 달성할 수 있도록 조력하는 방식이다. 핵심은 '섬김'과 '지원'이며, 리더는 성과를 직접 이끄는 것이 아니라 구성원이 역량을 발휘할 수 있도록 뒤에서 돕는 역할을 한다. 이러한 리더십은 정답이 명확하지 않고, 창의적 사고와 민첩한 고객 대응이 필요한 환경에서 더욱 빛을 발한다.

서번트 리더십은 리더 중심의 조직문화를 고객 중심, 가치 중심의 문화로 전환시킨다. 구성원들은 리더의 지시를 따르기보다 고객과 시장을 중심으로 스스로 판단하고 행동하게 된다. 대표적인 사례로 사우스

웨스트 항공의 허브 켈러허는 '직원이 만족해야 고객이 만족한다'는 철학 아래 직원 친화적인 문화를 만들었다. 스타벅스의 하워드 슐츠는 직원에게 동기를 부여함으로써 고객 중심의 브랜드 문화를 이끌었다. 서번트 리더십은 단기 성과보다는 장기적인 성장에 무게를 둔다. 구성원은 고객과 조직의 가치를 중심으로 몰입하게 되며 자율성과 주도성이 함께 강화된다.

결국 카리스마 리더십은 구성원들이 리더를 바라보게 만들고, 서번트 리더십은 구성원들이 고객과 시장을 바라보게 한다. 어느 리더십이 더 효과적인지는 상황과 환경, 조직이 추구하는 방향에 따라 달라진다.

중요한 건 지금 상황에서 어떤 방식의 리더십이 조직의 목적에 더 부합하는지 고민하고, 유연하게 조율할 수 있는 리더의 통찰력이 필요하다.

고성과자를 구분하는 결정적 요소, 재량 노력

재량 노력(discretionary effort)이란 직원이 업무를 수행할 때 요구되는 최소한의 기준을 넘어서 추가적인 노력을 자발적으로 기울이는 것을 의미한다. 이는 공식적인 지침에는 포함되지 않지만, 더 나은 결과를 위해 시간을 투자하거나 창의적인 아이디어를 제안하는 등 자신의 재량에 따라 자발적으로 행하는 기여를 말한다.

한 번은 S기업의 임원과 코칭을 진행한 적이 있었다. 이 임원은 '모든 것은 측정 가능해야 한다'는 강한 신념을 가지고 있었다. 코칭 초기에 그는 "고성과자와 저성과자를 예측할 수 있는 기준이 반드시 있을 겁니다. 코칭이 끝날 때까지 꼭 찾아보겠습니다"라는 과제를 스스로 정했다.

시간이 흘러 마지막 세션에서 나는 그 임원에게 물었다. "성과자의 기준을 찾으셨습니까?" 그가 찾은 기준은 단순하지만 명확했다. 그것은 바로 '근무 시간'이었다. 데이터를 확인해 본 결과, 고성과자들은 업무 시간 외에도 스스로 학습하거나 탐구하는 시간을 자발적으로 확보하고 있었다. 회사는 야근을 장려하지 않았지만, 그들은 퇴근 후에도 스스로가 배우고 성장할 수 있는 시간을 투자하고 있었던 것이다.

그 임원은 조심스럽게 말했다. "이 기준을 조직에 적용하긴 어렵고 공정성 논란이 생길 겁니다. 그냥 제 개인적인 메모로만 남기겠습니다." 당시 나도 그 대화를 마음속에 접어두었다. 그러다 시간이 지나 '재량 노력'이라는 개념을 접하게 되면서 그때의 장면이 다시 떠올랐다. 고성과자들이 공통적으로 보여준 태도, 즉 자발적인 학습과 탐구, 업무와 관련된 지식에 대한 자기 주도적 몰입은 바로 재량 노력의 핵심이었다. 결국 성과의 차이는 보이지 않는 자발적 노력에서 비롯되었다.

리더가 구성원에게서 재량 노력을 끌어내기 위해 해야 할 일은 단순한 지시나 성과 요구가 아니다. 직원이 자신의 일에서 의미와 가치를 느낄 수 있도록 돕고, 노력과 성장을 인정하며 실패를 두려워하지 않아도 되는 심리적 안전감을 조성하는 것이 중요하다. 재량 노력은 강요로 나오는 것이 아니라 자율성과 몰입이 가능할 때 자연스럽게 발휘된다.

리더는 바로 그런 환경을 만들어주는 촉진자여야 한다.

갈등 해소의 열쇠, 원칙과 현실의 조화

 사람들이 갈등할 때 가장 자주 부딪히는 지점은 '원칙'과 '현실' 사이의 충돌이다. 원칙은 조직이나 공동체가 함께 지키기로 합의한 규칙과 기준을 의미하며, 현실은 상황의 변화로 인해 그 원칙을 지키기 어려워지는 상황을 뜻한다. 이 두 요소는 항상 긴장 관계에 놓여 있고, 어느 한쪽으로 치우칠 때 갈등은 커진다.

 원칙만 지나치게 강조하면 조직은 경직된다. 변화하는 환경을 고려하지 않고 원칙만을 고수하면 구성원은 융통성을 발휘하기 어렵고 조직은 빠르게 변화하는 시장에 제대로 대응하지 못하게 된다. 예를 들어, 코닥은 필름 사업에 과도하게 집착한 나머지 디지털 전환의 흐름을 놓쳤다. 변화의 필요성을 인식하고도 기존의 수익 구조를 포기하지 못해 결국 경쟁력을 상실한 것이다. 이는 원칙에 대한 집착이 오히려 조직의 미래를 가로막은 대표적인 사례다.

 반대로 현실만을 강조하면 조직은 기준이 흔들린다. 상황에 따라 원칙을 쉽게 바꾸면 구성원들은 혼란을 느끼고 조직은 일관성과 신뢰를 잃게 된다. 이는 마치 경기 중 심판이 매번 다른 기준을 적용하면 선수들이 불신을 느끼는 상황과 같다. 기업에서도 일단 정한 원칙이 있다면 그것이 신뢰를 얻기 위해서는 꾸준히 지켜져야 한다. 기준 없는 유연성은 결국 방종으로 흐를 위험이 있다.

결국 조직이 건강하게 운영되기 위해서는 '원칙을 지키되, 현실적인 조정을 통해 유연성을 확보하는 것'이 중요하다. 원칙만 고수하면 변화에 둔감해지고, 현실만 따르다 보면 정체성과 기준이 흔들린다. 지속 가능한 조직은 이 둘 사이의 균형을 유지할 수 있는 역량을 갖춘 조직이다. 리더 역시 이 균형점을 찾아가는 통찰력과 조율 능력을 갖추어야 한다.

" # 6장
조직 문화

기업 성공의 정의

기업의 성공을 정의할 때 우리는 재무적 성과, 고객 만족, 혁신, 경쟁력, 사회적 책임, 직원 만족도, 운영 효율성 등 여러 지표를 고려할 수 있다. 그러나 기업이 처음 만들어질 때 가장 먼저 던져야 할 질문은 "우리 기업이 존재하는 이유는 무엇인가?"이다. 진정한 성공은 단순히 수익을 올리는 데서 그치지 않고, 존재 목적을 명확히 하고 이를 지속적으로 실현하는 데 있다. 기업의 성공은 바로 그 기업의 존재 이유, 즉 미션을 중심으로 설정되어야 한다. 결국 미션을 얼마나 지속적으로 실현하고 있는가가 기업의 성공을 판단하는 핵심 기준이 된다. 다음은 대표적인 기업들의 미션이다.

- "지구에서 가장 고객 중심적인 회사가 된다." – 아마존
- "이웃에 있는 단 한 명에게 한 잔의 커피를 통해 마음에 영감과 풍요로움을 준다." – 스타벅스
- "전 세계 모든 운동선수에게 영감과 혁신을 불어넣는다." – 나이키
- "인류 사회의 지속 가능한 발전에 기여하고 인류의 삶의 질을 향상시킨다." – 삼성전자

이처럼 각 기업은 자신만의 미션을 설정하고, 그것을 실제로 실현해 나가는 과정 속에서 진정한 성공을 만들어 간다. 예를 들어, 나이키가 단순히 높은 매출을 기록했다고 해서 그것만으로 성공했다고 볼 수는 없다. 나이키는 "전 세계 모든 운동선수에게 영감과 혁신을 불어넣는다"는 미션을 지속적으로 실천해 나갈 때 비로소 본질적인 성공에 다가간다고 할 수 있다. 스타벅스도 "커피 한 잔을 통해 고객에게 영감과 풍요로움을 준다"는 미션 아래, 바리스타들이 그 의미를 담아 고객을 응대하고 있을 때 조직의 지속적인 성공을 이루는 것이다. 만약 스타벅스가 더 이상 고객에게 영감과 풍요로움을 전달하지 못하거나 나이키가 운동선수들에게 영감과 혁신을 불어넣지 못한다면 그것은 곧 조직이 본래의 성공 이유에서 멀어지고 있다는 신호라 할 수 있다.

IBM의 부활을 이끈 조직문화 혁신

1993년, 루 거스너(Louis V. Gerstner)가 IBM의 CEO로 취임했을 당시 IBM은 심각한 위기 상황에 놓여 있었다. 문제의 핵심은 기술력이 아니라 경직된 조직문화였다. 회사는 내부 프로세스와 규칙을 지나치게 중시했고 고객보다는 제품 중심의 사고방식에 갇혀 있었다. 기술력에 집중하는 분위기 속에서 고객보다는 내부 절차와 기술적 우수성에 몰두했으며, 부서 간 장벽이 높아 협업보다는 개별 성과가 우선시되었다. 이러한 문화는 빠르게 변화하는 IT 시장에서 IBM을 점점 더 뒤처

지게 만들었다.

거스너는 IBM을 회생시키기 위해 가장 먼저 조직문화를 바꾸는 데 주력했다. 그는 IBM이 단순히 뛰어난 기술을 개발하는 기업이 아니라 고객이 원하는 가치를 제공하는 기업으로 거듭나야 한다고 판단했다. 이를 위해 '고객 중심'이라는 새로운 조직문화를 핵심 과제로 삼았다.

우선 그는 관료적인 절차를 대폭 줄이고, 의사결정이 보다 신속하게 이뤄질 수 있도록 조직을 유연하게 개편했다. 특히 부서 간 협업을 촉진하기 위해 개별적으로 운영되던 사업 부문들을 하나의 통합된 조직으로 재편성했다. 이전에는 각 부서가 자사의 제품만을 강조하며 따로 움직였지만, 거스너는 이러한 장벽을 허물고 IBM 전체가 하나의 팀처럼 고객 문제 해결에 집중하도록 만들었다.

또한 그는 제품 중심에서 서비스 중심으로의 전환을 강조했다. 과거의 IBM은 하드웨어 판매에 주력했지만, 거스너는 고객의 목소리를 듣고 맞춤형 솔루션을 제공하는 방식으로 사업 방향을 전환했다. 그 결과 IBM은 단순한 제품 공급업체에서 벗어나 IT 서비스와 컨설팅을 제공하는 기업으로 탈바꿈할 수 있었다.

거스너는 "조직문화는 단지 경영의 한 측면이 아니라, 경영 그 자체다"라고 말하며 조직문화가 단순한 경영 요소가 아니라 기업의 성패를 결정짓는 핵심 요인임을 강조했다. 아무리 전략이 훌륭해도 조직문화가 그것을 뒷받침할 수 없다면 성공할 수 없다는 뜻이다. 조직문화는 경영의 한 영역이 아니라 기업이 지속적으로 성장하고 변화하기 위해 반드시 갖추어야 할 가장 중요한 기반이다.

결국 거스너가 IBM을 되살리기 위해 선택한 최우선 과제는 제품이나 기술이 아닌, 조직문화의 변화였다. 그리고 그것이 IBM이 다시 성장 궤도에 오를 수 있었던 결정적인 이유였다. 조직문화는 조직이 목표를 달성하고 생존하는 방식을 결정짓는 근본적인 요소다. 아무리 뛰어난 전략과 계획이 있어도, 그것이 조직문화와 닿지 않으면 힘을 발휘하기 어렵다.

처벌은 사라지고 규칙만 남았다

게리 하멜(Gary Hamel)은 세계적인 경영 사상가이자 작가, 교수, 컨설턴트로서 주로 혁신, 전략, 조직문화에 관한 연구로 널리 알려져 있다. 그는 한 실험을 통해 조직 내에서 규칙과 문화가 어떻게 형성되고 유지되는지를 명확하게 보여주었다. 이 실험은 원숭이들이 바나나를 잡으려 할 때마다 차가운 물을 뿌려 처벌하는 방식이 사용되었다.

처음에 원숭이들은 바나나를 얻기 위해 시도했지만, 물세례를 반복해서 맞으면서 점차 바나나를 향한 행동을 중단했다. 이후 새로운 원숭이가 투입되었다. 이 원숭이가 바나나를 잡으려 하자 기존 원숭이들이 나서서 이를 저지했다. 이 과정을 거듭하며 원숭이들을 하나씩 교체한 끝에, 나중에는 그 누구도 물을 맞은 경험이 없음에도 바나나를 잡으려는 시도조차 하지 않게 되었다. 처벌은 사라졌지만, 그로 인해 형성된 규칙은 그대로 유지된 것이다.

이 실험은 규칙과 관습이 어떻게 시작되며 시간이 지나 그 이유가 잊히더라도 관성처럼 계속 유지된다는 점을 잘 보여준다. 마크 필즈(Mark Fields) 전 포드CEO는 "Culture eats strategy for breakfast"라는 피터 드러커의 말을 언급하며 전략보다 문화가 훨씬 더 강력한 영향력을 가진다고 했다. 아무리 뛰어난 전략이라도 이를 실행할 수 있는 문화가 뒷받침되지 않으면 무용지물이 된다는 경고이기도 하다.

조직문화를 변화시키려면 익숙한 규범에 질문을 던져야 한다. 그리고 그 질문에 구성원들이 공감할 때 비로소 변화가 시작된다. 익숙한 방식에 의문을 제기하고 그것이 지금도 타당한지 되묻는 순간 문화는 움직이기 시작한다.

요즘 세대를 가리켜 흔히 '3요 세대'라고 부른다. 상사가 업무를 지시하면 "그걸요?", "제가요?", "왜요?"라고 되묻는다는 것이다. 이는 단순한 유행어나 우스갯소리가 아니다. 오히려 기존의 위계적이고 일방적인 조직문화에 대한 근본적으로 도전하는 질문이며 변화의 출발점이 되는 신호다. '3요'는 기존 방식이 더 이상 통하지 않음을 말해주는 질문이며 새로운 조직문화로의 전환을 요구하는 시대의 메시지이기도 하다.

▌두뇌는 언제 최고의 성과를 발휘하는가?

심리적 안전감은 단순히 감정적인 안정 상태를 뜻하는 것이 아니다.

두뇌가 위협을 느끼지 않을 때 비로소 최적의 사고와 창의성을 발휘하도록 돕는 신경학적 기제와 깊은 관련이 있다. 인간의 두뇌는 생존을 최우선시하도록 설계되어 있다. 그래서 낯선 환경에서 위협 요인을 가장 먼저 감지하고 반응하는 것이다. 위협을 인지하면 편도체가 활성화되어 스트레스 반응이 촉발된다. 이는 '싸우거나, 도망가거나, 얼어붙는' 생존 중심의 반응을 유도한다.

위계 중심의 조직문화에서는 상사의 눈치를 보거나 실수에 대한 처벌을 두려워하는 분위기 속에서 구성원들의 두뇌가 지속적으로 위협을 감지하게 된다. 이러한 환경에서는 방어적인 사고와 행동이 강화되고 전두엽의 기능이 억제되어 논리적 사고, 문제 해결, 창의적인 아이디어 도출과 같은 고차원적 인지 기능이 제한된다. 즉, 위협을 감지하는 상태에서는 구성원들이 기존 방식을 반복하며 위험을 회피하려는 경향이 나타난다.

반면, 심리적 안전감이 높은 조직에서는 위협 요인이 줄어들어 편도체의 과잉 반응이 억제되고 전두엽 활동은 더욱 활발해진다. 이는 구성원이 창의적이고 전략적으로 사고할 수 있도록 돕고 자율적이며 협력적인 행동을 만든다. 신뢰와 존중이 기반이 된 환경에서는 옥시토신(Oxytocin) 같은 긍정적인 신경전달물질이 분비되어 팀 간 유대감이 강화되고, 스트레스 호르몬인 코르티솔(Cortisol)의 분비는 감소하여 보다 안정된 심리 상태가 유지된다.

구글의 '아리스토텔레스 프로젝트(Project Aristotle)' 연구 역시 심리적 안전감이 높은 팀일수록 창의적 문제 해결 능력이 뛰어나고 팀의 창의성과 문제 해결력이 눈에 띄게 좋았다. 이는 심리적 안전감이 두뇌의 인지 기능과 직접적으로 연결되어 있음을 과학적으로 보여주는 대표적인 사례다.

결국 조직이 혁신과 지속 가능한 성과를 이루기 위해서는 심리적 안전감을 기반으로 한 문화를 조성해야 한다. 구성원이 위협을 느끼지 않고 신뢰와 협업이 자연스럽게 이루어지는 환경에서 창의성과 자율성이 극대화된다. 심리적 안전감은 조직문화의 핵심 기반이자, 조직이 반드시 설계해야 할 심리적 환경요인이다.

위기와 성장 사이에서 조직문화가 만들어진다

조직문화는 단순히 문서로 정의하거나 다른 조직의 방식을 모방해서 형성되는 것이 아니다. 실제로 조직문화가 형성되는 시점은 창업 이후 여러 차례 위기를 겪으며 안정적인 성장 궤도에 진입하기 직전이다. 조직이 처음 설립될 때는 생존 자체가 가장 중요한 목표가 되며, 이 과정에서 구성원들은 효과적인 의사결정과 문제 해결에 집중하게 된다. 이후 기업이 점차 성장하면서 조직 내부의 운영 방식과 가치관이 자리 잡기 시작한다. 이 시기에 형성된 조직문화는 기업의 정체성과 운영 철학을 결정짓는 중요한 기반이 된다.

자포스의 CEO 토니 셰이는 이러한 과정을 몸소 경험한 인물이다. 자포스는 창업 초기 수많은 위기를 겪었다. 특히 자금난으로 인해 생존조차 위협받던 시기가 있었다. 그러나 이러한 어려움을 극복하는 과정에서 조직 내에 '고객 중심' 문화를 정착시키기 시작했다. 고객 서비스는 단순히 부서의 업무가 아니라 기업의 핵심 가치로 여겨졌고, 이는 조직 전체에 깊숙이 뿌리내렸다. 그 결과 자포스는 '고객 감동'을 최우선으로 하는 기업문화로 자리 잡았다. 이 문화는 회사의 안정적인 성장과 함께 더욱 공고해졌다.

아마존 역시 창업 초기에는 생존을 위한 빠른 성장과 기술 개발에 집중했다. 그러나 성장 과정에서 '고객 중심', '실험과 혁신', '빠른 실행력'이라는 핵심 가치를 바탕으로 한 조직문화를 확립했다. 이는 단순한 운영 방식이 아닌 직원들의 사고방식과 업무 수행 방식에 깊이 스며들었다. 이러한 문화가 아마존을 글로벌 기업으로 성장시키는 결정적인 동력이 된 것이다.

현대그룹은 창업자인 정주영 회장의 개척정신과 도전정신이 조직문화로 자리 잡은 대표적 사례다. 기업이 사업을 확장하던 초기에 정 회장은 불가능해 보이는 과제들을 과감히 실행에 옮기며 '하면 된다'는 도전 정신을 조직에 심었다. 특히 1968년 경부고속도로 건설 당시 자본과 기술이 부족했음에도 그는 특유의 추진력으로 프로젝트를 성공시켰다. '소 한 마리 팔아서 배운 것'이라는 일화는 위기를 돌파하는 현대의 문화를 상징적으로 보여주는 이야기다.

삼성전자 또한 위기를 조직문화로 승화시킨 대표적인 사례다. 1993년, 이건희 회장이 "마누라와 자식만 빼고 다 바꿔라"는 선언과 함께 품질 혁신을 강조한 것은 삼성의 문화적 전환점이 되었다. 당시 삼성전자는 글로벌 경쟁력을 상실해가고 있었고, 이를 극복하기 위해 품질 경영과 혁신을 조직의 핵심 가치로 재정의했다. 이후 삼성은 지속적인 연구개발과 기술 혁신을 통해 글로벌 IT 시장을 선도하는 기업으로 자리매김했다. '위기 속에서도 혁신을 멈추지 않는다'는 태도는 삼성의 조직 정체성으로 자리 잡았다.

이처럼 조직문화는 위기를 극복하고 성장을 거듭하는 과정에서 자연스럽게 형성된다. 창업 초기에는 생존과 시장 적응이 우선이지만, 조직이 본격적인 성장 궤도에 오르면 문화가 구체적인 형태를 갖추기 시작한다. 이 시점에서 창업자가 문제를 해결한 방식이 조직문화로 남는다. 조직문화는 단순한 분위기나 표면적인 규율이 아니라, 조직이 위기와 성장을 함께 겪으며 체득한 생존 방식이자 정체성이다. 그리고 그것은 구성원들이 공유한 이야기와 경험, 신념 아래에 단단히 뿌리내린다.

조직문화는 전략적으로 구축해야 하는 자산이다

조직문화는 조직의 보이지 않는 핵심 요소로 기업의 성과와 의사결정 방식에 지대한 영향을 미친다. 구성원들은 조직 내부에 있을 때 그 실체를 명확히 인식하기 어렵지만, 외부에서는 각 기업이 지닌 특유의 분위기와 가치관이 뚜렷하게 드러난다. 어떤 기업은 고객 중심적이고 친절한 문화를, 또 다른 기업은 변화와 혁신을 중시하는 문화를, 혹은 안정적이고 보수적인 문화를 지니고 있을 수 있다.

조직문화는 단순히 조직 구조나 업무 프로세스처럼 눈에 보이는 요소만으로 형성되는 것이 아니다. 구성원들이 공유하는 가치관, 행동 양식, 의사결정 방식과 같은 눈에 보이지 않는 요소들이 훨씬 더 큰 영향을 미친다. '창업자가 조직문화의 60%를 만든다'는 말처럼 조직문화는 창업자의 경영 철학과 기업이 겪어온 경험을 바탕으로 형성되며 고객과의 관계, 업무 수행 방식, 구성원의 소속감 등 다양한 측면에 깊이 스며들게 된다.

조직문화가 강력하게 자리 잡으면 그것은 구성원들의 행동 기준이자 조직의 핵심 역량으로 발전한다. 결국 기업 성과를 결정짓는 중요한 요인이 된다. 따라서 조직문화는 단순한 분위기를 넘어 조직의 지속적인 성장과 경쟁력을 좌우하는 핵심 요소로 전략적으로 관리되어야 한다.

기업문화 분야의 권위자인 에드거 샤인(Edgar Schein)은 조직문화를 세 가지 수준으로 설명했다. 첫 번째는 겉으로 드러나는 '가시적 요소(Artifacts)'다. 이는 건물 구조, 복장, 인테리어, 행사, 회의 방식 등 눈에 보이는 조직의 특징을 의미한다. 예를 들어 구글은 자유로운 사무 공간, 캐주얼한 복장, 수평적인 회의 방식 등을 통해 가시적 문화를 나타낸다.

두 번째는 '표면적 가치(Espoused Values)'다. 이는 조직이 공식적으로 강조하는 철학, 전략, 행동 지침을 의미한다. 예를 들어 스타벅스는 '파트너(직원)와 고객을 존중하며 최상의 커피 경험을 제공한다'는 가치를 내세우고, 우아한형제들은 '송파구에서 일 잘하는 11가지 방법'을 통해 조직 내 행동 기준을 명확히 한다. 이러한 가치는 실제 행동과 일치할 때 진정한 조직문화로 작동한다.

세 번째는 '근본적인 가정(Underlying Assumptions)'이다. 이는 구성원들이 무의식적으로 공유하는 믿음과 사고방식으로 반복되는 경험을 통해 '당연한 것'으로 받아들여지는 규범과 전제를 말한다.

조직은 수많은 '근본적인 가정'을 기반으로 작동하며, 이 중에는 긍정적인 것도 있고 부정적인 것도 있다. 어떤 부서에서는 아침 일찍 출근해 커피를 마시며 일과를 나누는 문화가 정착되어 있고, 보험 영업을 하는 어떤 지점에서는 매일 아침 7시에 모여 학습과 교류의 시간을 10년 넘게 지속하고 있다. 이처럼 반복되는 행동은 결국 조직 고유의 문화를 만들어낸다.

조직문화는 단순히 구호를 외치거나 규정을 제정한다고 형성되지 않는다. 구성원들이 특정 행동을 반복하며 그것을 '당연한 일'로 여기기 시작할 때 비로소 조직문화는 조직의 깊은 구조로 자리 잡는다. 이러한 문화는 성과, 의사결정, 동기부여, 협업 방식 등 조직 운영 전반에 깊은 영향을 미친다.

스탠퍼드대의 제프리 페퍼(Jeffrey Pfeffer) 교수는 지속가능한 기업을 만든 탁월한 경영자들이 조직문화 구축에 가장 큰 역점을 둔다고 강조했다. 진정한 고성과 조직이 되기 위해서는 단기 실적뿐 아니라, 장기적인 관점에서 조직문화를 어떻게 설계하고 발전시킬지를 전략적으로 고민해야 한다.

결국, 조직문화는 자연스럽게 형성하기보다 '전략적으로 구축해야 할 대상'이다. 의도적이고 일관된 문화 설계를 통해서만 기업은 지속 가능한 성과와 차별화된 경쟁력을 확보할 수 있다.

변화의 출발점, 근본적인 가정

조직에서 작동하는 근본적인 가정(Underlying Assumptions)에 대해 공기업, 일반 기업, 공공기관 등 다양한 조직에서 직접 수집한 의견을 바탕으로 정리해 보았다. 그 중에서도 개선이 필요한 사례들을 중심으로 정리했다.

1. 업무 배분과 성과 평가
    - 잘하는 직원에게는 일이 더 많이 주어진다. 일을 잘하면 더 많은 일을 맡게 된다.
    - 월급은 같으니, 잘리지만 않으면 최대한 일을 덜 하는 것이 '승리'라는 인식이 있다.
    - 보고서에 에너지를 들일 필요가 없다. 상사가 답답하면 직접 고쳐서 올리기 때문이다.

2. 조직 내 의사결정과 소통 방식
    - 회의를 3시간 해도 결국 상사가 원하는 방향대로 결정된다.
    - 문제는 항상 뒷말로만 공유된다.
    - 개선점을 이야기해도 결국 바뀌지 않는다.

3. 조직문화와 근무 환경

- 너무 잘하거나 두드러지면 조직에서 '공공의 적'이 된다.
- 공기업 대표는 보통 3년 임기이므로, 임원들은 보여주기 식 성과만 내면 된다. 어차피 3년 뒤 새로운 대표는 전임자의 흔적을 없애고 다시 시작하기 때문이다.
- 상위 기관에서 내려오는 방침은 무조건 따라야 하니, 미리 준비하면 오히려 손해다.

4. 업무 방식과 역할 배분

- 부서는 마감에 쫓긴다. 완벽보다는 마감일을 맞추는 것이 우선이다.
- 실수는 숨기는 것이 미덕처럼 여겨진다.
- 총무 관련 업무(회식 장소 예약, 다과 준비 등)는 관행적으로 신입사원이 맡는다.
- 승진자는 궂은 일을 맡아서 해야 한다.

이러한 근본적 가정은 단순히 조직의 운영 방식에만 영향을 미치는 것이 아니라, 구성원들의 사고방식과 행동 전반에 걸쳐 깊숙이 작용한다. 특히 승진, 보상, 평가와 같은 핵심 제도들은 이런 가정 위에 형성되고 유지된다. 예를 들어, '성과가 곧 능력이다'라는 가정이 지배적인 조직에서는 승진과 보상이 철저히 실적 중심으로 이루어진다. 이 경우 구성원들은 협업보다 개인 성과에 집중하게 되며 단기 실적에 몰입하는 경향이 커진다.

반대로 '장기적인 성장과 협력이 중요하다'는 가정을 공유하는 조직은 팀워크와 조직 기여도를 중시하며, 이에 따라 보상과 승진도 구성원의 지속 가능한 성장 가능성을 반영하게 된다. 이러한 가정은 평가 시스템의 운영 방식에도 직접적인 영향을 미친다. 예를 들어 연차 중심의 승진이 고착된 공기업에서는 근속 연수가 성과보다 더 중요한 기준이 된다. 그 결과 실제 업무 역량과 무관한 승진이 이루어지고 성과 중심 평가 제도가 제대로 작동하지 않는다.

결국, 근본적인 가정은 조직의 작동 원리를 결정짓는 핵심 요소이다. 구성원들은 이러한 가정을 공식적으로 배우기보다는 조직문화 속에서 자연스럽게 체득하게 된다. 따라서 조직문화를 변화시키고자 한다면 제도나 정책만을 손질하는 것으로는 부족하다. 구성원들이 암묵적으로 공유하고 있는 전제와 믿음, 즉 '근본적인 가정'을 재정립하는 것이 무엇보다 우선되어야 한다. 이를 위해서는 조직의 가치를 명확히 세우고 그것을 현업에 적용하는 규칙이 필요하다. 그래야 제도적 변화가 현장에서 실질적인 효과를 발휘할 수 있다.

소통의 병목을 찾아라

조직 내 소통은 사람과 구조 사이의 상호작용을 포함하는 복합적인 과정이다. 개인의 선호와 가치관, 그리고 조직 문화의 차이는 정보의 흐름에 직접적인 영향을 미치며 정보 전달 방식이나 해석이 달라질 수 있다. 정보는 정확하고 명확하게 전달되어야 하지만 전달 주체나 수신자에 따라 왜곡되거나 흐름이 끊기기도 한다.

예를 들어, 새로운 업무 절차가 도입될 때 일부 직원은 이를 긍정적으로 받아들이지만 기존 방식을 선호하는 직원은 변화를 꺼려하고 의도적으로 정보를 누락하거나 전달을 지연시키기도 한다. 이때 중요한 것은 단순히 '정보 전달에 문제가 있다'고 지적하는 것이 아니라 소통이 끊어진 지점과 병목 현상의 원인을 정확히 파악하는 일이다. 어떤 개인이나 부서가 정보의 흐름을 막고 있는지 찾아내야만 근본적인 개선이 가능하다.

조직은 원활하게 소통이 이루어지는 곳보다 오히려 병목 현상이 발생하는 지점에 더 집중해야 한다. 소통의 병목이란 정보가 조직 내에서 자유롭게 흐르지 못하고 특정 단계에서 멈추거나 왜곡되는 현상을 말한다. 이는 생산성을 저해하고 조직 내 신뢰를 약화시키며 협업의 흐름을 가로막는 주요 원인이 된다.

고객의 불만을 신속히 해결하려는 조직의 노력이 팀장의 일방적인 의사결정 방식으로 인해 지연되거나 차단된다면, 그 병목의 원인은 팀장의 소통방식에 있다. 단순히 보고 체계를 강화하는 것만으로는 해결되지 않으며 의사결정 구조와 권한 위임의 문제까지 함께 검토되어야 한다.

단순히 "소통을 활성화하자"는 구호만으로는 충분하지 않다. 실제로 정보가 어디에서 차단되고 있는지, 누가 그 흐름을 왜곡하고 있는지 면밀히 분석해야 한다. 병목은 특정 직책이나 직급에 국한되지 않으며 리더, 중간 관리자, 부서 등 조직의 다양한 위치에서 발생할 수 있다. 따라서 조직은 공식적인 보고 라인뿐 아니라 비공식 정보가 어떻게 흐르고 있는지 분석하고 그 흐름을 방해하는 구조적 요소를 제거해야 한다.

소통이 잘 되는 조직은 단순히 회의를 많이 하는 조직이 아니다. 필요한 정보가 적시에 정확하게 필요한 사람에게 도달하는 조직이 소통이 잘되는 조직이다. 병목을 방치한 채 소통 채널만 늘리는 것은 오히려 조직의 피로도를 높이고 혼란을 가중시킬 수 있다.

교류 모드: 관계와 소속감을 이끄는 힘

교류 모드(Connection Mode)란 사람들이 사회적 관계 속에서 심리적 안전감을 느낄 때 두뇌가 활성화되는 상태를 의미한다. 이 개념은 신경과학, 진화심리학, 애착 이론, 사회적 뇌(Social Brain) 연구 등을 기반으로 설명되며, 인간이 집단 안에서 소속 신호(Signal of Belonging)를 감지할 때 본능적으로 활성화된다.

소속 신호란 자신이 집단의 일원으로 받아들여졌다고 느끼고, 그 안에서 심리적 안정감을 갖는 상태를 말한다. 새로운 환경이나 낯선 모임에 참여할 때 우리는 무의식적으로 '나는 이곳에서 안전한가?', '환영받고 있는가?'와 같은 질문을 던지며 주변을 탐색한다. 이때 눈 맞춤, 말의 순서, 보디랭귀지, 말투와 억양, 관심의 흐름 같은 다양한 요소를 통해 소속 신호를 감지한다. 예를 들어, 사람들이 서로 눈을 마주치며 자연스럽게 대화를 주고받고 정보나 질문에 적극적으로 반응한다면 이는 소속 신호가 활발히 오가는 상황이다. 반대로 소수만 대화에 참여하거나 특정 인물이 소외되는 분위기라면 사람들은 이 환경이 안전하지 않다고 느끼게 된다.

우리는 이 신호를 대부분 무의식적으로 인식한다. 소속 신호가 충분하다고 느낄 때, 우리의 두뇌는 경계 모드에서 벗어나 교류 모드로 전환된다. 이 상태에서는 방어적 태도보다 열린 태도로 진정성 있는 상호작용이 가능해진다. 반면, 위협 신호가 감지되면 뇌는 교류 모드 대신 경계 모드가 되며 관계 형성은 피상적인 수준에 그치게 된다.

결국 소속 신호는 단순한 제스처나 말투를 넘어서 집단 내에서 안정감과 신뢰를 형성하는 핵심적인 역할을 한다. 사람들이 안전하다고 느끼고 소속감을 경험할 때, 그들은 마음을 열고 보다 자연스럽게 교류하게 되며 관계는 점차 깊어진다. 코칭 현장이든 조직 내 소통이든, 교류 모드를 활성화하려면 무엇보다 먼저 상대가 소속감을 느낄 수 있는 심리적 환경을 조성하는 것이 중요하다.

에필로그
시선이 닿은 곳에 변화가 자란다.

　코칭은 대화를 통해 사람을 만나고, 시선을 통해 사람을 바라보는 일이다. 이 책은 그 시선의 움직임을 따라가며 한 사람의 내면, 그리고 그 사람을 둘러싼 관계와 조직의 환경을 함께 들여다보려는 시도였다. 코치는 고객의 마음이 어떻게 작동하는지를 함께 관찰하고, 그 안에서 이미 존재하고 있는 지혜와 가능성을 발견해가는 동행자다. 그런 의미에서 이 책은 코치의 시선에 대한 안내서이고, 한 사람을 이해하고 존중하려는 태도에 관한 기록이다.

　이제 책을 마무리하며 문득 떠오른 질문이 있다. "나는 지금, 어디를 바라보고 있는가?"

내가 바라보는 방향에 따라 질문이 달라지고, 질문이 달라지면 삶의 선택도 달라진다. 코칭은 그 시선의 전환을 돕는 작업이다. 이 책을 읽는 동안, 당신도 어쩌면 자신만의 내면 질문과 마주했을지 모른다. 지금 내게 중요한 것은 무엇인지, 나는 어떤 기대와 감정, 사고의 흐름 속에 있는지, 나는 어떤 '나'로서 존재하고자 하는지를 돌아보는 시간이었기를 바란다. 그리고 만약 아직 그 답을 찾지 못했다 해도 괜찮다. 중요한 것은 질문이 시작되었다는 사실이다. 질문이 시작되면, 변화는 이미 시작된 것이다.

나는 여전히 질문하고 있다. 여전히 누군가의 여정을 곁에서 바라보며, 그 마음의 흐름을 듣고, 그 안에 숨어 있는 가능성의 실마리를 함께 찾고 있다. 그리고 당신 역시, 이제는 누군가에게 시선을 건네는 사람이 되길 바란다. 이 책의 시선이 당신의 여정 위에 작은 나침반이 되기를, 그리고 당신이 바라보는 세상에도 새로운 길이 열리기를 마음 깊이 소망한다.

- 여름의 문턱에 들어서는 익숙한 곳에서

〈참고 도서〉

1장
사티암 베로니카 찰머스 〈마음챙김 코칭〉 2022. 8. 한국수퍼비전아카데미
데이비드 이글먼 〈우리는 각자의 세계가 된다〉 2022. 12. 알에이치코리아(RHK)
마이클 싱어 〈상처 받지 않는 영혼〉 2014.5. 라이팅하우스
Bhikkhu Buddhapala 〈BUDDHA의 가르침〉 2009. 12. 사티스쿨(Sati School)
원영 〈이제서야 이해되는 불교〉 2023. 5. 불광출판사
마이클 S. 가자니가 〈뇌, 인간의 지도〉 2016. 6. 추수밭
로버트 딜츠 〈비전과 변화를 위한 긍정 코칭〉 2009. 5. 아카데미북
김영애 〈사티어의 빙산의사소통〉 2023. 10. 김영애가족치료연구소
바이런 케이티 〈네 가지 질문〉 2013. 9. 침묵의 향기
김현섭, 김성경 〈욕구코칭〉 2018. 5. 수업디자인연구소
김성경 〈도대체 왜? 그러냐고!〉 2019. 7. 수업디자인연구소
William Glasser 〈선택이론〉 2017. 6. 한국심리상담연구소
강성용 〈인생의 괴로움과 깨달음〉 2024.3. 불광출판사
리사 펠드먼 배럿 〈감정은 어떻게 만들어지는가?〉 2017. 9. 생각연구소
A. 아들러 〈심리학 해설〉 1987. 2. 선영사
게리 D. 맥케이, 돈 딩크마이어 〈아들러의 감정수업〉 2017. 9. 시목
대니얼 카너먼 〈생각에 관한 생각〉 2018.3. 김영사
Gazzaniga, Michael S. 〈The Mind's Past〉 2000.9. University of California Press
조셉흐 응우옌 〈당신이 생각하는 모든 것을 믿지 말라〉 2023. 11. 서삼독
아빈저연구소 〈리더십과 자기기만〉 2006. 10. 위즈덤아카데미
가와이 하야오 〈카를 융 인간의 이해〉 2018. 5. 바다출판사

2장
브라이언 에머슨, 안네 로엘 〈리더들을 위한 코칭가이드〉 2017.2. 하늘북
존 휘트모어 〈성과 향상을 위한 코칭 리더십〉 2019.9. 김영사
마르틴 부버 〈나와 너〉 2020.3. 대한기독교서회
셀레스트 헤들리 〈말센스〉 2019. 2. 스몰빅라이프
찰스 두히그. 〈대화의 힘〉 2024.6. 갤리온

3장
이민규 〈실행이 답이다〉 2011. 2. 더난출판사

4장
양정훈, 이동운 〈케미스트리〉 2018. 1. 헤리티지
임창현 〈정답 없는 세상에서 리더로 살아가기〉 2024. 2. 파지트
현순엽 〈고성과 리더의 비밀, 원온원〉 2023. 10. 파지트
구기욱 〈쿠's 퍼실리테이션〉 20213. 5. 쿠퍼북스
도널드 클리프턴, 마커스 버킹엄 〈위대한 나의 발견 강점 혁명〉 2005.9. 청림출판
앤드루 S. 그로브 〈하이 아웃풋 매니지먼트〉 2018. 6. 청림출판
켄 블랜차드 〈상황대응 리더십 2 바이블〉 2007. 4. 21세기북스
현미숙 〈일 만명 리더를 변화시킨 리더 수업〉 2023. 7. 21세기북스

5장
부경복 〈부패전쟁〉 2011. 10. 프리스마
테야 싱어 스피처 〈협업의 시대 COLLABORATION〉 2019. 1. 보랏빛소
조코 윌링크, 레이프 바빈 〈네이비씰 승리의 기술〉 2019. 8. 메이븐
캐롤 드웩 〈마인드셋〉 2017. 10. 스몰빅라이프

6장
게리 하멜, C.K. 프라할라드 〈시대를 앞서는 미래경쟁전략〉 2011. 11. 21세기북스
에드거 샤인 〈기업문화 혁신전략〉 2006. 3. 일빛
신상원 〈기업문화 오디세이 1〉 2009. 6. 눌와
에이미 에드먼드슨 〈두려움 없는 조직〉 2019.10. 다산북스